自分の脳に「ありがとう」を唱えると不安脳・病気脳とさよならできる！

脳科学×瞑想で解明された「ありがとう」の奇跡 全国の参加者が実証！

ヒーリングセラピスト
愛場千晶

医学博士・脳神経外科医
篠浦伸禎

コスモ21

カバーデザイン◆中村　聡
本文イラスト◆和田慧子

自分の脳に「ありがとう」を唱えると不安脳・病気脳とさよならできる！……もくじ

1章

幸せになることを無意識に拒絶していませんか

2章

瞑想で脳の中を探ってみた

3章

年齢ごとにトラウマを癒す

4章

気になることを扁桃体に宣言して「ありがとう」を唱える

5章
扁桃体に「ありがとう」を唱えて過去世を癒す

プロローグ　脳科学×瞑想で「ありがとう」の奇跡を解き明かす！

「ありがとう」の言葉には特別なエネルギーがある

20数年前のことです。私（愛場）は、何かに惹きつけられるように南米ペルーのマチュピチュを訪れました。その山道で道に迷っていたとき、不思議な老人に話しかけられました。はじめて出会ったばかりなのに、いきなり人生が上手くいく法則を私に教えると語りだしたのです。

老人は、私が当時1日10時間も瞑想をしていたこと、日本一の師について瞑想を学んでいたことを知っていました。そのときの様子は拙著『自分の名前に「ありがとう」を唱えるとどんどん幸運になる！』でお伝えしましたが、老人はこんな話をしたのです。

「自分を愛すれば愛するほど人生は上手くいく。決して自分を粗末にしてはいけない」

「自分を粗末にすると、病気や人間関係のトラブルを引き寄せてしまう」

「自分を愛せるようになると、他人も大事にできる、だから争いごとも減る」

「まず自分の名前に『ありがとう』と唱えるんだよ」


言葉には特別なエネルギーがあるから、口に出す言葉だけでなく心の中の言葉も人生を左右すると言って、言葉のもつ力についても話してくれました。

「言葉の正体はエネルギーで、人生を変える力をもっている。たとえどんなに悲惨なこと、辛いことが起こっても、言葉を変えれば運気を変えることができる」

「言葉といえば、口から発する言葉を思い浮かべるだろう。でも、心の中で発する言葉、つまり思いの言葉も同じだよ」

「この二つの言葉は同じエネルギーをもっていて、自分が発した言葉は必ず自分に戻ってくるようになっている。口から発する言葉だけでなく、心の中の思いの言葉も運気に重大な影響を及ぼすんだよ」

私は、老人の話に引き込まれるように聞き入っていました。最後に老人はこう話しました。

「どんなに自分に不都合な事実であっても、マイナスの言葉をくり返しているかぎり、運気はよくならないし、いいことはけっして起こらない。

最初は小さい災いだったのに、マイナスの言葉を発しているうちにマイナスのエネルギーがどんどん巨大化して自分に返ってきて、もっとひどい悪運を引き寄せてしまう。

だから、どんなときも、それをマイナスの言葉で実況中継しないほうがいいんだよ。どんな状況でも、自分は素晴らしい存在だと肯定する言葉を発していると、必ず運気が上がって元気で過ごせるようになる。

そのために、いちばん効果があるのが自分の名前に『ありがとう』を唱えることだよ」

先の書籍でこのことをお知らせしたところ、読者の皆さんから素晴らしい感想がたくさん寄せられました。そのなかから、いくつかご紹介させていただきます。

「とても不思議な本です」という声が全国から次々と

「本の中にある記入欄に自分の名前を書き込むと、その途端にこんなイメージが湧き上がりました。本がパーっと光って、本の中から真っ白い大きな手がフワッと出てきたと思うと、私を抱きしめたのです。なんかホラーっぽいと思われるかもしれませんけど(笑)。しばらくそのイメージに浸っていると、大きな安心感に包まれました」

「最初にもくじを一通り見て、まずは指定された記入欄に自分の名前を書き込んでから読むことにしました。それで記入欄にある頁を開いて名前を書こうとすると、突然、涙がジワっと出てきたのです。

そのまま書き込んで、何度も『○○さん、ありがとう』と唱えてみました。すると、さらに涙が出てきて止まらず、しばらく泣きっぱなしでした。そのとき、私は変われると思えたのです」

「名前を書き込んで、『〇〇さん、ありがとう』とゆっくりゆっくり唱えていると、涙がとめどなく出てきて、自分でも驚くほどでした。その後は、何かつきものがとれたみたいに、体が軽くなってスッキリしました。

私にとっては、とても不思議な本です。今は、お守りとして持ち歩いています。不安になったとき、持つだけで不安が減って自分が守られていると感じられます」

「音声を毎日聞いて、本を暗記するぐらい読もうと思って頑張っています。否定的なことが浮かんでも、すぐにキャンセルできますし、大丈夫、奇跡は起きると思えるようになりました。この本は私にとってのバイブルです」

「この本を読み、音声を毎日聞き続けていました。そうしたら、何と先日ロト7で10億円が当たりました。コロナで仕事もなくなり困っていたところ、思わぬ幸運が舞い込みました。感謝しています」

こんな感想が全国の読者から次々と寄せられてきています。ちなみに、ロト7で10億円が当たったことについては、自分の名前に「ありがとう」を唱えたことがどれだけ当選に直接影響したかは定かではありません。しかし、「ありがとう」を唱えることで、かなり運気が高まり、当選運を呼び込む助けになったのではないかと思います。

脳科学と瞑想の奇跡の出会い

この本を読んだと連絡をくださった方のお一人が脳神経外科医の篠浦伸禎先生です。篠浦先生との出会いが今回の本を出版するきっかけになっています。

脳神経外科学という医学の最先端で活躍されていて、脳が覚醒した状態で脳の手術をする「覚醒下手術」の分野では世界的な実績を上げていらっしゃいます。

篠浦先生によれば、覚醒状態で脳の手術をすると、患者さん自身は意識があるので、直接反応を本人に確かめながら手術を進めることができるそうです。篠浦先生はそうした手術を重ねるなかで、人によって脳の使い方には一定のパターンがあることがわかってきたというのです。

脳の使い方を大きく分類すると、左脳の機能が優位になっているタイプと、右脳の機能が優位になっているタイプに分かれるということです。わかりやすく言ってしまえば、理性中心の左脳型タイプと感情中心の右脳型タイプに分かれます。篠浦先生は、このような理解に基づいて人間の脳の使い方を4つのタイプに分類されています。ちなみに私（愛場）は、右脳優位タイプでした。

篠浦先生のこれまでの臨床体験では、右脳優位の人のほうが病気は治りやすく、左脳優位の人の病気は治りにくいという傾向があるといいます。さらに、現代人が感じている生きづらさの原因は左脳優位に傾きすぎていることにあるともおっしゃっています。

このことは、私の瞑想やヒーリングの経験からも納得できます。瞑想やヒーリングをしているときの脳の状態は、おそらく右脳優位になっていると思います。左脳優位では瞑想やヒーリングに集中できないからです。

篠浦先生は、さらにとても興味深いお話をされました。脳の器官のなかでも扁桃体という器官が、さまざまな病気と深く関係しているというのです。

脳の構造を簡単に説明しますと、大きくは大脳と小脳と脳幹に分かれます。大脳の表面には神経細胞（ニューロン）の集まる大脳皮質があり、その奥にある大脳辺縁系は本能や記憶、自律神経に関係する活動を行なっています。

大脳辺縁系には帯状回《たいじょうかい》、扁桃体《へんとうたい》、海馬《かいば》、視床下部《ししょうかぶ》など人間の感情に関する機能を担う器官が集まっています。これらの器官のなかでも扁桃体は、情動の処理により深く関わり、好き嫌いといった感情を海馬に伝える働きをしています。

扁桃体は耳の近くに左右二つある、アーモンドの形をしている神経細胞の集まりです。医学的にはまだまだわかっていないことが多いそうですが、篠浦先生は、癌や認知症、発達障害などを患っている場合は扁桃体が汚れていると感じることが多いとおっしゃっています。

脳の構造

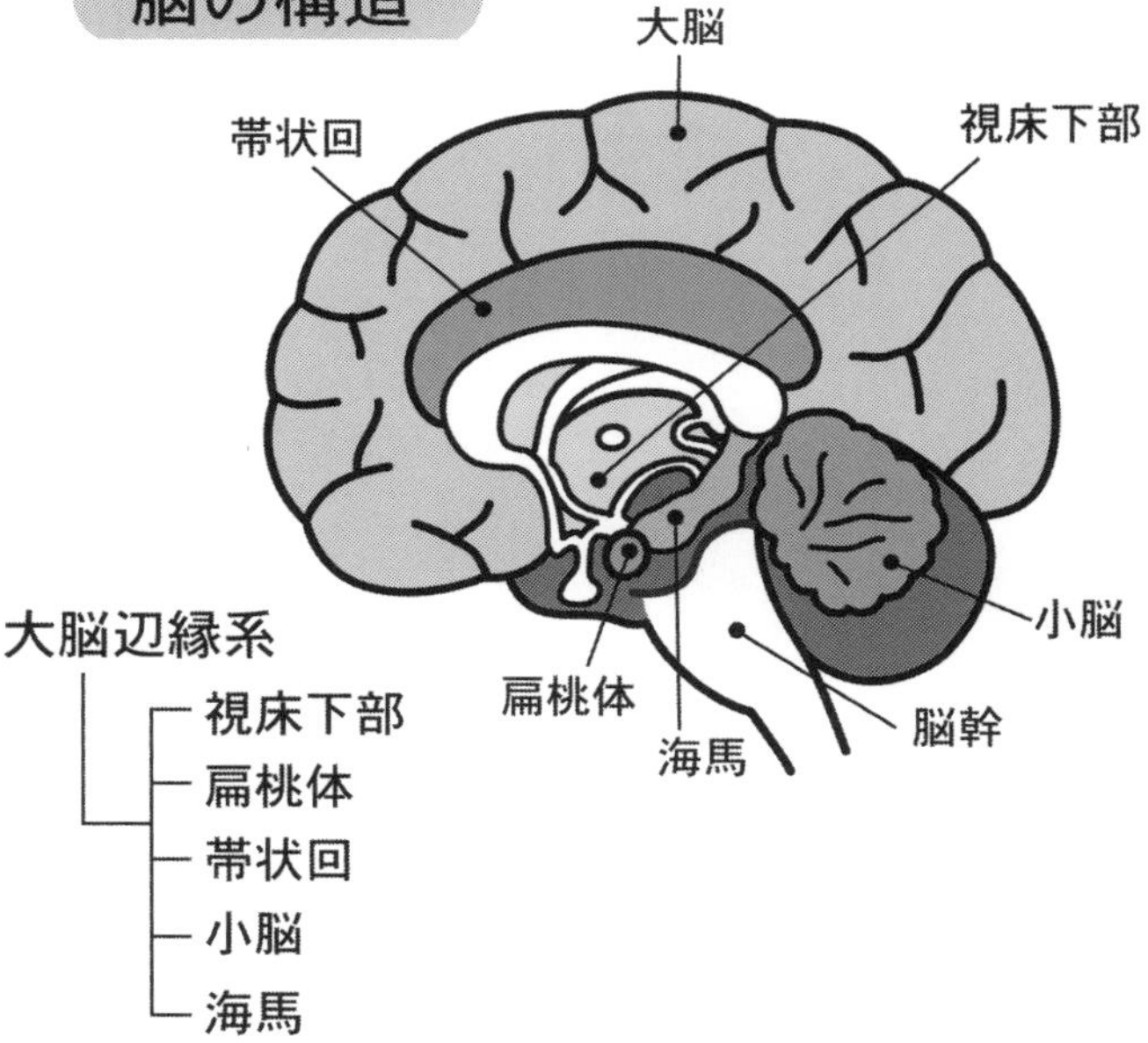
大脳
帯状回
視床下部
小脳
扁桃体
海馬
脳幹
大脳辺縁系
視床下部
扁桃体
帯状回
小脳
海馬

扁桃体の位置

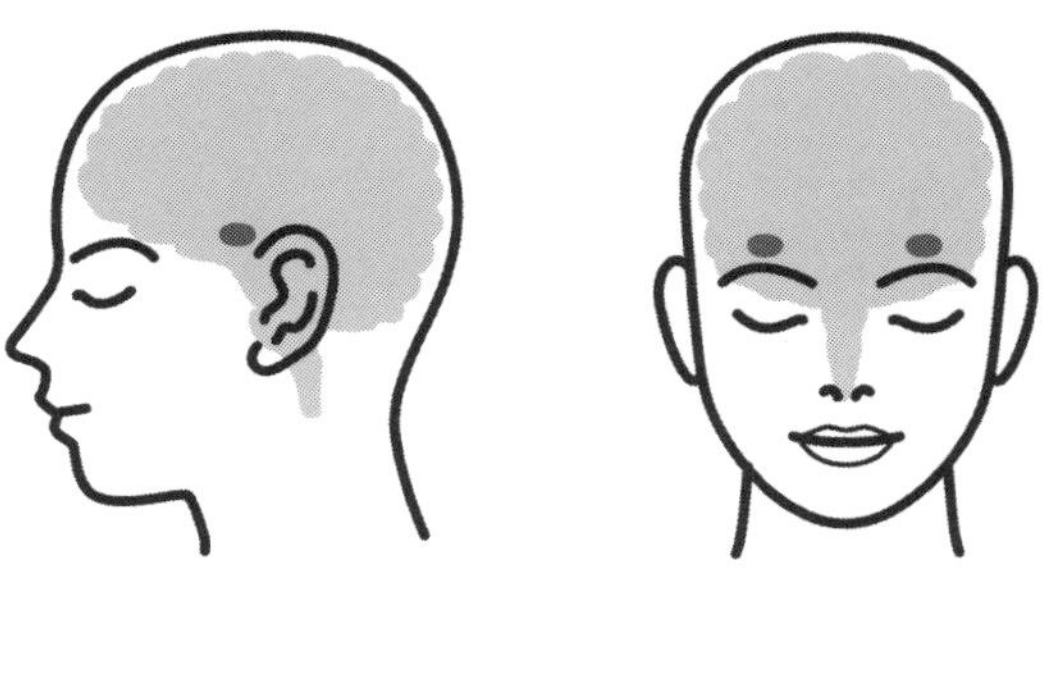

脳科学から見た扁桃体の役割

私（篠浦）は、覚醒下手術をしたときの体験から、脳機能において扁桃体が非常に重要な役割を果たしていることに気づきました。どのような経験かといいますと、手術で左の扁桃体に近づくと怒鳴り出したりして患者が攻撃的になり、右の扁桃体に近づくと眠くなったりして患者が逃避的になるのです。

扁桃体には情動を伴う記憶が入っていることが脳科学的にわかっています。敵（ストレス）に対して、左の扁桃体は攻撃し、右の扁桃体は逃げるように反応するといわれていますので、手術中にもそのような反応をしたのでしょう。

また、扁桃体がストレスに対して過剰に反応し続けることが、癌や認知症、発達障害、生活習慣病などに関わっていると私は考えています。なぜならば、扁桃体が過剰に活性化すると、脳が不安や怒りにとらわれ、結果として他の脳機能が落ちてくるからです。それが、認知症や発達障害につながったり、視床下部の機能が弱って自然治癒力の低下や癌につながったりします。

過剰に活性化された扁桃体が手術中に汚れて見えるわけではありませんが、機能的にみると正常ではない状態になっていて、瞑想のイメージではまさしく汚れた状態に見えることでしょう。

扁桃体に「ありがとう」を唱えるとトラウマから解放される

不安という情動は、脳科学の観点から見ると、人間の情動と関わりが深い扁桃体と関係していることがわかっています。私（愛場）が専門にしている瞑想やヒーリングの立場からは、自分の脳、とくに扁桃体に「ありがとう」のエネルギーを注ぐことで、不安の情動により効果的に変化を及ぼすことができると考えられます。

さらに私の指導体験では、ある記憶が自分の扁桃体にマイナスの感情として残っている場合、扁桃体に「ありがとう」のエネルギーを送ることで癒され、さらに過去の記憶を書き換える（でっちあげる）ことで、トラウマが解き放たれたと思われる事例が数多くあります。

また、病気には感情が深く関係していて、強いショックや強い悲しみが病気につながることがあります。心の奥深くにある負の感情（トラウマ）で苦しんでいる人は驚くほどたくさんいるのです。

情動と深い関係にある扁桃体に「ありがとう」のエネルギーを送ることは、そうしたマイナスの感情を根っこから取り除くのにとても有効かもしれないと直感的に思いました。

私はこれまで、直感に従って行動することで道が開けた体験がたくさんあります。もちろん、一見うまくいかなかったように思うこともありますが、それでも後悔することはまったくありません。今回の直感も同じでした。

とはいっても、私も含めて、ほとんどの方はＣＴやＭＲＩで撮った自分の脳の画像を見たことはないでしょう。そんな状態で扁桃体に「ありがとう」を唱えたとしても、どれほどの反応が起こるか、未知数でした。

すでに数多くの方たちが、自分の名前に「ありがとう」を唱えることで素晴らしい体験をされています。そのなかには、自分の身体の気になる部位に、たとえば○○さんの足、○○さんの腰、○○さんの心臓、○○さんの頭などに「ありがとう」と唱えることで、身体の状態が変化したという方たちもたくさんいます。

ところが、今回の部位は脳の一部である扁桃体です。名前を聞くのもはじめてで、それがどんなものかイメージも湧かないという方が多いと思います。本書のタイトルも、扁桃体をはじめて知る方のことも考えて『自分の脳に「ありがとう」を唱えると不安脳・病気脳とさよならできる！』としました。

ここでの脳とは、実際には扁桃体を指しています。その扁桃体に対して、「○○（自分の名前）さんの扁桃体、『ありがとう』」を唱えてみませんかと、私はサイトで全国の皆さんに呼びかけました。

皆さんはすでに、自分の名前に「ありがとう」を唱えることで素晴らしい体験をされていますが、さらに自分の扁桃体に「ありがとう」を唱えることで、心の奥に抱えているトラウマから解放される方がもっと増えるのではないかと期待し

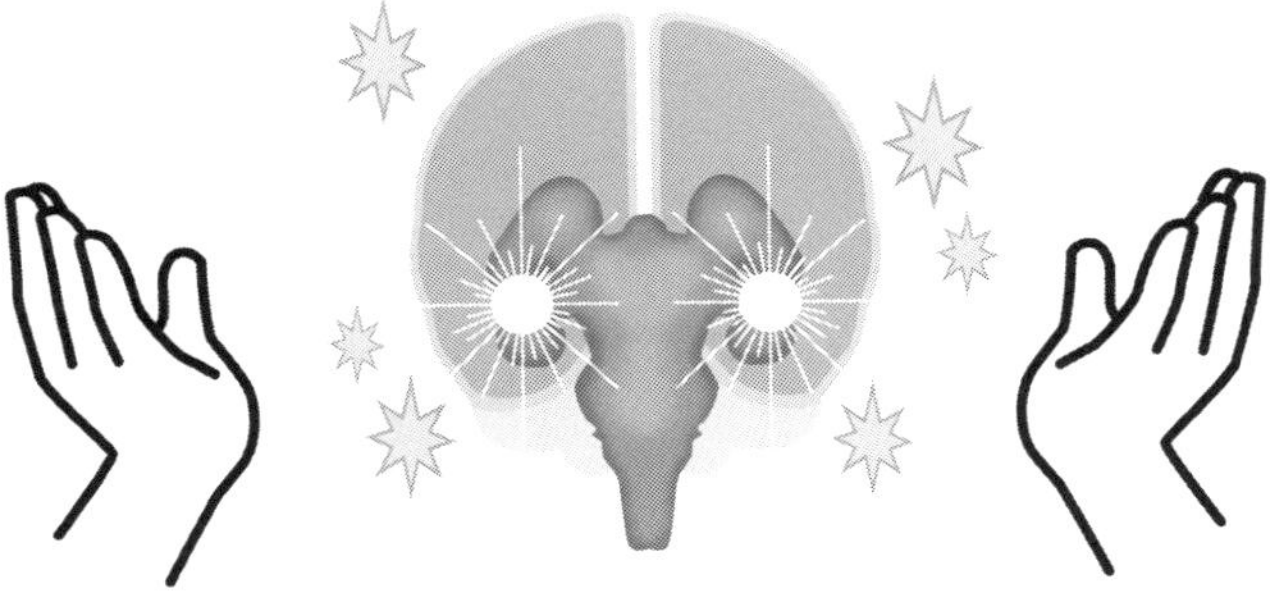

自分の扁桃体「ありがとう」

ました。

　ほとんどの方はＣＴやＭＲＩで撮った自分の脳や扁桃体の画像を見たことがないので、この本のカバーに掲載してある白く光る扁桃体の図を見てイメージしてもらい「ありがとう」を唱えていただきました。

　扁桃体を白く光らせているのには理由があります。瞑想では白い色にはあらゆるものを浄化する作用があると考えられていますが、扁桃体についても白く光っているイメージにしたほうがトラウマから解放されやすいと思うのです。

　左右の手のひらを肩幅よりやや狭いく

らいにして向かい合わせにし、両手でその扁桃体を包み込むようにイメージします。

その状態で、まず「○○さん（自分の名前）『ありがとう』」と唱え、続けて「○○さんの扁桃体『ありがとう』」と唱えます。唱えながら、扁桃体をどんどん光らせる（扁桃体がどんどん白く光輝くイメージを描く）ことによって、「ありがとう」のエネルギーはより強く扁桃体に作用します。

イメージするのが難しいと感じる場合は、「扁桃体がピカピカ」と唱えてみてください。

寄せられた反応は、私の予想を超える素晴らしいものでした。とくにイメージ力の高い方たちは、驚くほど深い感動的な体験について伝えてきています。その一部をご紹介します。

全国から素晴らしい体験が次々と

♡得体の知れない不安がなくなり安心感が広がった

自分の名前に「ありがとう」を唱えることは習慣化していますが、さらに自分の扁桃体に「ありがとう」を唱えて3カ月くらい経ったころ、ふと気づくと、いつも私の心を占領していた得体の知れない不安感がほとんどなくなっていることに気づきました。

それからは、ネガティブな気持ちが湧いたら、すぐに扁桃体に「ありがとう」を唱えることにしました。

それを続けていると、うまくいかないことがあって不安になっても、すぐに安心感が心に広がり、どうしたらいいかもひらめくようになったのです。

物忘れとか仕事のミスもかなり減りました。お蔭で楽に生きられるようになり、頭の切り替えもうまくできて前向きになりました。

以前の私は、うまくいかないことがあると「なんで私がこんな目に遭うのよ」と不満が湧いてきて落ち込むタイプでした。

自分の名前に「ありがとう」を唱えていると、それは少なくなっていったのですが、まだ心の奥にある不安に襲われることがありました。

ところが、自分の扁桃体に「ありがとう」も唱えていると、その不安からも解放されていくようでした。

そして、がんばっている自分にご褒美をあげよう！　と素直に思えるようになりました。

「ありがとう」を唱えるのは、トイレの中とかちょっと時間があればできます。とても簡単なので続けられますよ。

♡頭がとても軽くなった

自分の扁桃体をイメージしていると、黒い煙に覆われているように感じました。

そんな自分の扁桃体に「ありがとう」を唱えてみました。すると、頭がとってても軽くなるのを感じるようになりました。

私は毎日、パソコンを使う仕事をしていて、一日が終わると、頭の疲れや眼精疲労で頭がズシーンと重たくなり、何もやる気が起こらなることがよくあります。ところが、自分の扁桃体に「ありがとう」をくり返し唱えていると、あの重苦しい頭の疲れを感じることが少なくなり、眼精疲労も軽減しました。

♡脳からの指令が全身にうまく伝わるようになった

私は子どものころから虚弱体質で、一週間まるまる学校を休むことがよくありました。大人になってからも常に疲労感があり、めまいが起こることもよくありました。

ところが自分の名前に「ありがとう」を唱えていると、以前より疲れないし、めまいもしなくなりました。

さらに、自分の扁桃体に「ありがとう」もいっしょに続けていると、脳からの指令が前よりうまく体に伝わるのを感じました。それにつれて、虚弱体質だった私がもっと元気になっていったのです。

その変化に誰より私自身が驚きましたが、私のことをよく知っている人たちも驚いています。

♡自分を否定する癖がとれて自分を肯定できるようになった

自分の名前に「ありがとう」を唱えることで気持ちがとても安定してくるのを感じていましたが、さらに自分の扁桃体に毎日「ありがとう」を唱えるようにしました。すると、あるとき自分の中には幸福になることを拒絶する自分がいることに気づかされました。

生まれて来たくなかった、自分は親から必要ない子だと思われているという思いが心の奥深くに居座っていることに気づかされたのです。

これまでは心の中にいつも不安感や恐れがあり、人間関係もうまくいきませんでした。そのことに怒りも

覚えていました。自分の人生はそんな悪循環をくり返していたのです。

ところが自分の扁桃体に「ありがとう」を唱え続けていると、自分を否定する癖が少しずつとれてきて、自分を肯定できるようになってきました。そして今は、生まれ変わった感じです。

唱えはじめて3カ月ですが、こんな変化が自分の中で起こっていることに驚いています。

♡不安と焦りがとれた

胃の検査で再検査になり、とても不安で焦りました。そこで、再検査の日まで、自分の名前に「ありがとう」を唱えるとともに、自分の扁桃体に「ありがとう」も言い続けてみました。すると驚くことに、あれほど重くのしかかっていた不安がとれたのです。

再検査の結果は異常なしで、心からありがたかったです。これからも「ありがとう」のパワーをたくさん取り込んでいこうと思います。

♡ネガティブな感情が浄化されクリアーになった

パソコンを買い替えましたが、なかなか慣れずストレスになっていました。

じつはパソコンのことにかぎらず、うまくいかないことがあると「できない、どうしよう」と悩んでしまい、「私には無理かも」とネガティブになることがよくあります。

そんなときは、自分の名前に「ありがとう」を唱えると、気持ちが落ち着きます。それでも、心の奥深くにあるネガティブな思いがときどき頭をもたげてくることがあります。

そこで、自分の扁桃体に「ありがとう」もいっしょに唱えるようにし、扁桃体を白く光らせるようにしました。

しばらく続けていると、扁桃体に蓄積していたネガティブな感情が浄化されていくように感じました。行き詰まったときの解決策が閃くまでの時間も早くなった感じです。

以前の私は、ちょっとしたことでもネガティブになり、その感情が蓄積しやすいタイプでした。ところが、毎日「ありがとう」を唱えていると感情がクリアーになってきて、気持ちがリセットされるまでの時間が短くなりました。

今は、自分のペースで過ごすことができているので、とてもありがたいです。

♡「自分なんか幸せになってはいけない」と思っていることに気づいた

自分の名前に「ありがとう」を唱えていると、気持ちが楽になり、生きやすくなりました。さらにいっしょに、自分の扁桃体に「ありがとう」も唱えていると、7歳くらいのときの自分が見えてきました。そのころから、「自分なんか幸せになってはいけない」と心の底で思っている自分がいることに気づかされ、びっくりしました。

以前は、うまくいかないことがあると「どうして私はこうなるんだろう」とネガティブな気持ちになっていました。自分の名前に「ありがとう」を唱えることで、そんな気持ちはだいぶん減っていたのですが、その根っこが心の奥にまだ潜んでいたのです。

自分の扁桃体に「ありがとう」を唱えているうちに、そのことに気づかされました。それからは、ものすごく心が楽になりました。

これからも「ありがとう」を唱えることを忘れず続けていきます。そして、必ず幸せになります。

♡脳全体が活性化していくようだ！

自分の名前に「ありがとう」を唱えることで私の気持ちはかなり楽になりましたが、母が認知症を患っていることについては心配で不安でたまりませんでした。

そこで、母の名前にも「ありがとう」を唱えていると、気持ちがとても落ち着きました。

さらに、「母の認知症の原因につながっている扁桃体」と宣言し「ありがとう」を唱えながら母の扁桃体を光らせるようにイメージしてみました。これを毎日続けていると、脳の神経と神経のつなぎ目であるシナプスのイメージが浮かんできたのです。

それは母の脳が活性化していることを示していたのだと思います、実際に母の認知症が改善されていきました。

♡自分を肯定できない理由がわかった！

自分の名前に「ありがとう」を唱えるとともに、扁桃体に「ありがとう」を唱えて扁桃体を光らせるようにしてみました。すると、心の奥に押し込んでいた感情が次々と噴き出してきたのです。

いちばん驚いたのは、幼稚園のころから親にもっともっと愛されたいと思っていた自分が今でも心の中に居続けていることでした。中学生になり思春期を迎えると、親は自分をいらない子だと思っている、私はいなくなってもいいんだと思ったこともあったのですが、その奥には幼児期の思いが潜んでいたことに気づかされました。

その思いを持ったままだったので、これまでの私は自分をどうしても肯定する

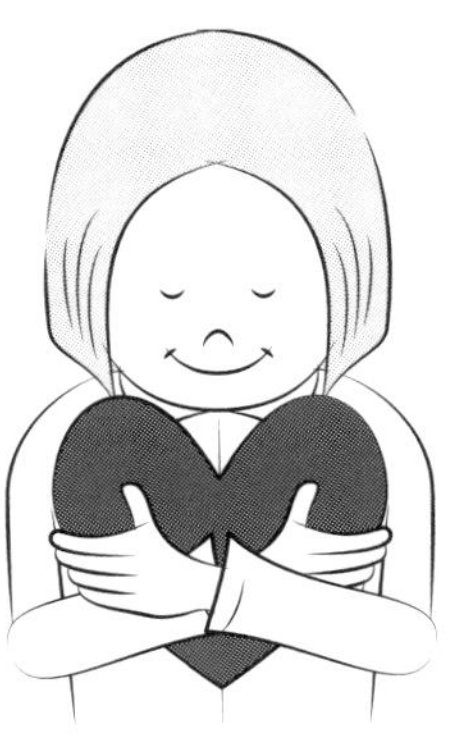

ことができなかったのです。

これからも、自分の名前に「ありがとう」を唱えるとともに、心の奥から自分を癒していくために、自分の扁桃体に「ありがとう」も唱えていこうと思っています。

♡無意識の世界の奥深さに気づいた

自分の名前に「ありがとう」は言っていたのですが、扁桃体に「ありがとう」を唱えるという話を聞いたときの私は「扁桃体ってなぁに?」という感じでした。それでも、扁桃体のイラストを見ながらイメージして「ありがとう」を言い続けてみました。

いちばんの収穫は、無意識の世界の奥深さに気づかされたことです。

自分が避けていたこと、見ないようにしていたこと、忘れていたこと、本当の感情など、無意識の世界に隠れていたことがいっぱいあったのです。

過去世と現世がつながっていることも見えてきました。無意識の世界の奥深さに本当にびっくりしました。

亡くなった両親とはかなり確執がありましたが、自分の扁桃体に「ありがとう」を言っていると、本当は愛されていた自分がいたという思いが溢れてきました。両親の元に生まれて来たこと、育ててもらったこと、何より命を繋いでもらったこと、すべてに感謝の気持ちが湧いてきたのです。

心から笑顔で「ありがとう」と亡き両親に伝えることができて、気持ちがすっきりしました。

自分の扁桃体に「ありがとう」を唱えて癒していくと、心も身体もどんどん元気になっていくのを感じます。改めて「ありがとう」のパワーの凄さを実感しました。

「ありがとう」の言葉で扁桃体の過剰な活性化が静まる

私（篠浦）の専門から見ますと、扁桃体は自分の肉体を守るために働いていて、敵（ストレス）に遭遇すると戦うか逃げるかを瞬時に選択する部位です。しかし本当は、自分の肉体を守るというよりは、弱肉強食の論理で扁桃体は動いていると考えています。

たしかに、ストレスが適度で、それを乗り越えることができるくらい自分が強いと思える状態（適度に活性化した状態）のときの扁桃体は、必死で戦うか逃げるかして肉体を守る方向に働きます。

しかし、強いストレスが続き扁桃体が過剰に活性化すると、ストレスは自分より強大であり、自分は弱いんだと扁桃体が思い込み、肉体を傷める方向に働き、極端な場合は死に向かわせるのではないかと推測しています。このときの扁桃体は弱肉強食の論理で動くからです。

そのため、過去に強いストレスを受け扁桃体が過剰に活性化した状態に陥ると、自分が弱いだめな存在だと思ってしまい不安感にとらわれ続けるのだと考えられます。

扁桃体に「ありがとう」と唱えることで不安感がなくなったり、前向きな気持ちになったりするのは、ストレスで過剰に活性化した扁桃体が「ありがとう」という言葉で静まるからだと思います。そして、扁桃体が自分は強いと思える元々の状態に戻るからでしょう。

じつは、扁桃体には愛情ホルモンであるオキシトシンのリセプターがあり、視床下部から分泌されるオキシトシンが多いと、扁桃体の過剰な活性化をコントロールすることができます。「ありがとう」という愛情をこめた言葉により視床下部からオキシトシンが大量に分泌されることでも、扁桃体の過剰な活性化が静まるのかもしれません。

1章

幸せになることを無意識に拒絶していませんか

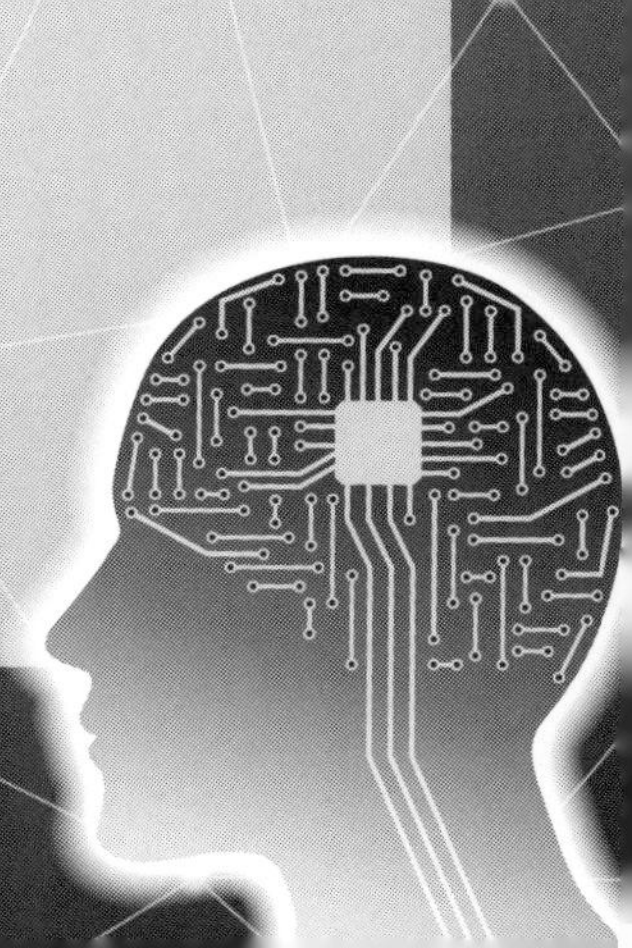

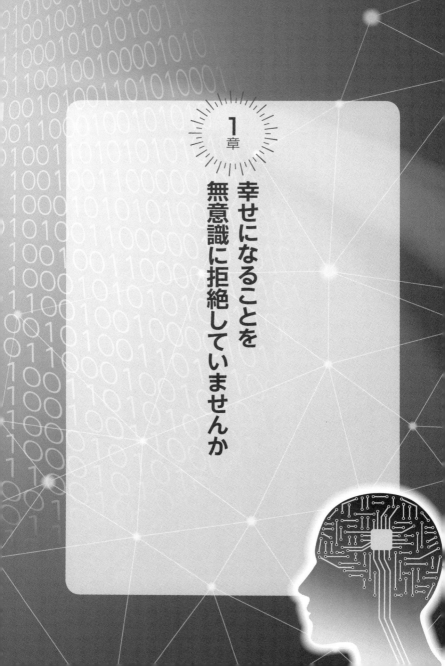

自分が幸せになることを拒絶する感情を癒す

「幸せになりたいのに、うまくいかない。どうしたらいいのでしょうか？」

これは、いちばん多い相談ですが、「自分で幸せになることを拒絶しているんですよ」とお伝えすると、皆さん、狐につままれたように驚かれます。「幸せになりたいから相談しているんです」と言葉では訴えているのですが、無意識に幸せを拒絶したり否定したりする人が意外に多いのです。

東京に住む女性ですが、リウマチになりました。そこで、自分の名前に「ありがとう」を唱えてセルフヒーリングを行なっていると、薬が要らなくなるぐらいまで回復し、仕事をはじめることができました。

ところが、今度は大動脈解離で入院し、集中治療室に入ることになりました。幸い場所が良かったので、薬だけですみましたが、退院して仕事場に連絡をすると、長期間休んだために解雇されてしまいました。

退院後、医師からは、動脈が太くなっていて再発しそうだからと手術をすすめられました。また入院するのは嫌だし、手術後の合併症などの説明を受けて、ぞっとしました。数日後の再検査で悪かったら手術になると言います。

私（愛場）は彼女を見ていて、自分から幸せになることを拒絶しているように感じました。それで、「幸せになることを拒絶なんてしてないよね」と問いかけると、「しています。していると思う！」と即答。その瞬間、ご本人は「あ〜、これが病気と関係しているかもしれない」と気づかれたようです。

「母親が病弱で介護をしているうちに、自分だけが幸せになってはいけないと無意識に思い込んでいたのかもしれない」と言うのです。

扁桃体に残っている、幸せになることを拒絶する感情を癒してみてくださいとお話しし、プロローグで説明したやり方で扁桃体に「ありがとう」を唱えてもらいました。さらに「幸せになることを拒絶する原因につながっている扁桃体、ありがとう」もいっしょに唱えてもらいました。

すると彼女は、過去のつらかったことが思い出されると言います。そこで、つらい場面が浮かぶたびに「それは過去のことで、その過去はもう終わっている。今じゃない。私は幸せになってもいいんだ」と唱えてもらいました。15分ほど続けたところ、彼女が突然、声をあげました。

「心の曇りが一気に取れて、心がとても軽くなった気がします。いつも、もう一歩というところで落ち込んでうまくいかなかったのですが、心につかえていたものがとれたみたい！」

その後も自分で毎日続けて行なっていましたが、ある日、

「目の位置が高くなってきました。曲がっていた背骨が伸びたからだと思います」

と伝えてくれました。

「ありがとう」を毎日唱えていると、ハートが暖かくなるのを感じ、きっと大丈夫と自信が湧いてきたそうです。その後病院に行くと医師から、血液検査の結果がよくなっているので手術はもう少し待ちましょうかと言われたそうです。

それから一年がたち、手術はせずにすんでいます。今は、生かされていることに感謝の気持ちが湧いてきて、家族や周りの人に心から感謝でき、仕事も決まっ

て人間関係もスムーズにいっているようです。

この女性のように、本人は気づいていませんが、自分が幸せになることを心の奥では無意識に拒絶してしまっている人、拒絶とまでいかなくても否定している人は意外に多くいます。

自分の名前に「ありがとう」を唱えていると気持ちが落ち着いてきますが、さらに自分の扁桃体に「ありがとう」を唱えていると、幸せになることを拒絶している自分がいることに気づきます。そこから自分が変化するのを体験された方たちはたくさんいます。そのなかから、いくつかの声をご紹介します。

♡私は幸せになれるんだと心から思えた

「幸せになることを自分から拒絶するなんて、自分はしていない」と思いましたが、チア魔女にやってみたらと言われ、自分の名前に「ありがとう」といっしょに、「幸せになることを拒絶する原因につながっている扁桃体」と宣言し「ありがとう」を唱えながら扁桃体を光らせました。

毎日続けていると、子どものころ母親に「役立たず」とよく言われたことを思い出しました。兄弟が多いので、欲しいものは我慢し、やりたいことも我慢し続けていた私には、あまりにもつらい言葉でした。

さらに「ありがとう」を唱えていると、「もう、あのころの言葉にとらわれなくてもいいよね」という気持ちが心の奥から湧いてきて、子どものころの自分を抱きしめることができました。

その瞬間、私は幸せになってもいいんだ、本当に幸せになれるんだと自然に思えたのです。「ありがとう」を継続して不幸とは完全に縁を切りたいと思っています。

♡幸せになることを拒絶する自分がいることにびっくり

「自分が幸せになることを拒否しているはずがない」と思ったけれど、とりあえず、手の中に扁桃体を包み込むイメージを描き、その扁桃体を光らせながら、「幸せになることを拒絶する原因につながっている扁桃体」と宣言して「ありがとう」

を唱えました。

これを毎日続けていると、あることがふっと思い浮かびました。それは、贅沢はいけないこと、もっと苦労しないとダメ、もっと大変な思いをしないと評価されない……、そんな思いが心の奥にあることに気づいたのです。

どうしてそんな思いが自分の中にあるのか考えてみると、苦労していると皆が構ってくれる、偉いねって誉めてくれると思っている自分がいたのです。

最初は、自分から幸せになることを拒絶するなんてあり得ないと思いましたが、じつは無意識にそう思っていたのです。そんな感情が扁桃体に残っていることに気づき、もっともっと「ありがとう」を続けようと思いました。

♡自分目線で生きようと思えた

「扁桃体に、ありがとう」と唱えていたら、子どものころ親に「苦労は買ってでもしろ」と言われていたことを思い出しました。

そして、「自分には安心できるところ（場所）、気を許せるところがない」といつも感じていたことにも気づきました。

これまでは、がんばった自分、がんばっている自分を誰かに認めてほしくて仕方ありませんでした。誰からも認められない自分は幸せになんてなれないと思い込んできたのです。

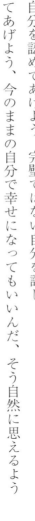

「ありがとう」を唱えていると、がんばってきた自分を認めてあげよう、完璧ではない自分を許してあげよう、今のままの自分で幸せになってもいいんだ、そう自然に思えるようになってきたのです。

これまでは他者目線で生きてきたのでしょうね。でも、私の人生は私のもの、自分目線でいることがもっと大事だとしっかり認識できました。

この本を読まれている皆さんは、自分から幸せになることを拒絶しているなんて、100%あり得ないと思われますか。もし、1%でもそんな思いが心の奥にあるかもしれないと思ったら、とりあえず「幸せになることを拒絶する原因につながっている扁桃体」と宣言して「ありがとう」を唱えてみてください。

失うものは何もありませんから、一週間ぐらい続けてみてください。

両手で扁桃体を包み込むイメージが湧かなくても、自分の名前に「ありがとう」を唱えたあとに、「幸せになることを否定する原因につながっている扁桃体」と宣言して「ありがとう」を唱えてみてください。

実際にやってみたら、無意識に不幸を引き寄せている自分がいることに気づいたという方はたくさんいます。もしそうでなくても、「ありがとう」のエネルギーがもっともっと幸せを感じられるようにしてくれることでしょう。

コラム

セラピストが扁桃体に「ありがとう」を体験

〈愛場美穂さん〉

扁桃体に「ありがとう」を唱えることによって、子ども時代の心の傷やトラウマ、心のブロックから生まれるネガティブな感情（歪んだ感情）に気づいたり、無意識の自我に気づいたりします。「ありがとう」を続けていると、それらが浄化されていきそうです。

軽いトラウマなら一回唱えるだけでも癒せますが、根が深いものは2カ月、3カ月と続けていく必要があるように思います。

左の扁桃体は過去で、右の扁桃体は現在ととらえることができますし、陰と陽ととらえることもできます。私の扁桃体についていえば、左と右は汚れ具合が違う気がしました。

扁桃体に「ありがとう」を言っていると、直感力が強まるような気がします。

直感が強くなると、事件に巻き込まれたり、病気になったりすることが減るのではないかと思います。

不安が強いと病気になりやすいので、扁桃体に「ありがとう」を唱えて不安を減らしていくと良いと思います。

〈門広美さん〉

瞑想で扁桃体を探っていくと、子ども時代の心の傷やトラウマ、心のブロックが見えてきました。そのために湧いてくるネガティブな感情、間違った思い込みや認識があることに気がつきました。

自分を客観視できるようになり、自分は何を知っていて何がわからないのかも認知できました。自分のなかには、これまで意識していなかった歪んだ認識や感情があることもわかりました。

扁桃体に「ありがとう」を唱えていると、それらが浄化されていくように感じます。もっと「ありがとう」を続ければ、悟りの体験（真我体験）にもつながるのではないかと期待しています。

真我と繋がっていれば病気を防ぐことにもなると思います。

2章 瞑想で脳の中を探ってみた

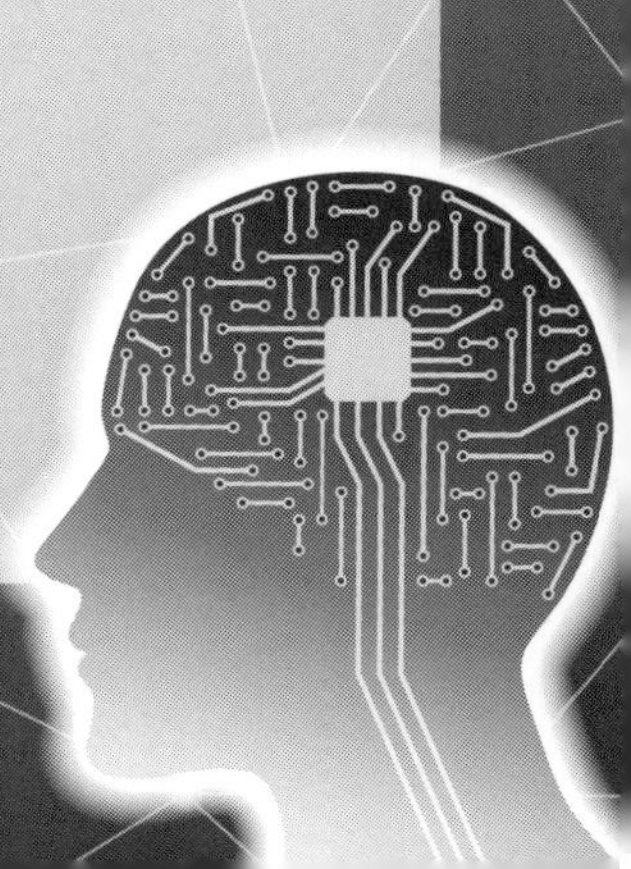

瞑想ができる3つのグループで扁桃体を探る

プロローグで脳科学から見た扁桃体の存在や機能に関するお話をしましたが、私（愛場）の専門は瞑想ですから、そこからもう少し扁桃体について探ってみました。

瞑想がある程度できる方たちに参加してもらい、３つのグループに分けました。各グループ６名です。

グループ１は健康体で考え方が前向き、そして自分は運が強いと思っている人たちです。

グループ２は普段からストレスが溜まりやすく、マイナス思考になりやすいと思っている人たちです。

グループ３は癌や難病を患っている人たちです。

どのグループの人たちにも、瞑想で扁桃体をイメージしてもらい、まず、扁桃体に色があるとしたら何色に見えますか？　どんな状態に見えますか？　と聞いてみました。

グループ1の人たちの答えでもっとも多かったのは、ピカピカ輝いていて金色、真っ白、ピンク色などでした。

グループ2の人たちの答えでもっとも多かったのは、グレーがかっている、茶色、真っ赤な血が出ている、煙が出ているなどでした。

グループ3の人たちの答えでもっとも多かったのは、真っ黒、ほこりをかぶっている、ゆがんでいる、ヘドロみたいというものでした。

とくに癌の人たちに共通していたのは、とても汚れている感じがするというものでした。

参加者が瞑想で扁桃体を探っているときに起こったことについてもたずねてみました。もちろん、いろんな反応がありましたが、とくに印象的な体験記をいくつかご紹介します。

♡4歳の扁桃体を光らせると自然に笑いが出てくる

一般に扁桃体は記憶のバランスを取る器官、記憶の出し入れや書き換えをする器官であり、うれしいときにいちばん働く器官であるといわれています。ですから、扁桃体を使うことが少なくなると、心が枯れてきて笑いも少なくなるのだと思います。

瞑想で扁桃体を光らせていると、気持ちが元気になり、自然に笑いが出てくるのを感じました。お金も増えてくる感じです。

胎児、0歳から現在まで年齢ごとの扁桃体を光らせるようにしました。すると、ああ、この年齢のときはこんなふうに心にブロックをかけていたのだと気づき、涙がたくさん出てきました。また、4歳のときの私の扁桃体を光らせていたときは、なぜか笑いがこみ上げてきました。

♡自分の内側に目が向き直感力も鋭くなる

扁桃体を瞑想で探っていくうちに、こんなことに気づきました。

「私たちはつい、意識を外側に向けて解決策を求めようとしてしまう。でもホントは違う。答えは内側、自分の心の中にある。外側に感じることも、自分が引き寄せている。

扁桃体に『ありがとう』を唱えていると、自分の内側に目を向けるようになり、心が癒されて良い気持ちの流れがつくられていく。その結果、さまざまなことが自然に解決する方向に向かう。直感力も鋭くなる」

♡自分の特別な能力の扱い方がわかった！

私には、幼いころからサイキックな能力がありました。嫌なものを見たり感じたりして怖くなり、母に泣きつくことがよくありました。不安で夜も眠れなかったり、変な夢を見たりすることもありました。

しかし、そんなことは誰にも言えず、サイキックな自分をどう扱っていいのかわからないまま戸惑っていました。

瞑想して扁桃体を探っていくと、子どものころに親戚の家の波動があまりに悪

くて気持ちが悪くなり、「この家には居たくない」と口に出してしまったときのことが思い出されました。それで、お前がおかしい、かわいくないと怒られたのだとわかりました。

扁桃体を探りながら、自分の扁桃体に「ありがとう」を唱えてみました。すると、サイキックな自分に対してかなりネガティブな感情が私の中にあることに気づきました。これまではいくら瞑想しても、このままでは真我の声を聴けるようにはならないと思ってきた原因は、そこにあったのです。

さらに扁桃体を探っていくと、過去世が見えてきました。そこではサイキックな能力を持っているため、迫害されたり、騙されて利用されたりしていました。そのことで人を恨んだり、人から恨まれたり、理解されずに孤独だったり、殺したり殺されたり……。あまりに、というか、全然良い人生を送っていなかったのです。

今の私はそれらを全て癒し、この人生では、サイキックな能力を自分の才能の一つとして生かしていけば、さらに人生をステップアップできることがはっきりわかりました。

瞑想しているなかで、どうして扁桃体は二つあるのだろうと思い、そのことも探ってみました。わかったのは、陰と陽のバランスをとるために二つあるということです。

生きていくためにはネガティブ過ぎてもポジティブ過ぎてもダメで、ネガティブとポジティブのバランスをとることが大切だと思います。あるいは、物事のリスクを管理しながらも実行する決断力や行動力を併せ持つことも必要だと思います。自己否定しすぎも自信過剰もダメで、バランスが大事なのです。

それには片方の扁桃体だけでなく、二つがバランスよく機能していることが必要で、両方の扁桃体に「ありがとう」を唱え続けるのがいいのだと思います。

♡扁桃体を擬人化して語りかけてみた

扁桃体に蓄積された記憶は癒されたようでも炭のおきびのように残っていて、何かのきっかけで、また炎をあげて燃えます。そうならないようにするにはどうしたらいいのか考えて、扁桃体を擬人化してこのように語りかけてみました。

「扁桃体さん、これまで、さまざまな情報を蓄積してくれてありがとう。うれしいこと、悲しいこと、悔しいこと、苦しいこと、いろんな感情を味わうことができました。ありがとうございます。

でも、自分はこれから、愛と悦びを感じて生きていくと決めたので、もうネガティブなことはため込まなくていいからね。今までいろんな感情を体験させてくれてありがとう。これからは、愛と悦びの情報だけを蓄積してね。これからもよろしくお願いします」

これを続けていると、最初は少し頭が重くなり、扁桃体が抵抗している感じがしましたが、さらに続けました。すると、気持ちが楽になるのを感じます。

毎日、こんなふうに語りかけている方もいます。

「扁桃体さん、こんなに汚してしまってごめんなさい。その結果が病気というものになってしまったのですね。自分の扁桃体を汚して病気になることはもうやめます。扁桃体さんをもっと輝かせ、健康に向かっていきます」

これらの体験記は、参加者が瞑想によって扁桃体を探っていくなかで発見したことを綴ったものです。それが脳科学によってどこまで裏付けられるかは今後に期待するしかありませんが、「ありがとう」という言葉のエネルギーが扁桃体に作用すること、さらに扁桃体に蓄積された情報を書き換えていくと私たちの人生がもっともっと生きやすくなることを示してくれています。

私（愛場）の瞑想体験で見えた脳の中

篠浦先生のお話を伺いながら、私はある瞑想体験について思い出していました。私の瞑想の師である山田孝男先生は「脳に光を送ると才能開花にもつながる」

とおっしゃり、脳に光を送る瞑想を教えてくださいました。

そのときは、脳全体に光を送ることで脳細胞が光っている様子をイメージするとよいと言われたので脳を意識して瞑想していると、脳の中央に丸くて白い水晶のようものがあり、その周りには丸い花が咲いていました（カバー裏表紙のオビの下にイメージイラストがあります）。至福の境地になり、うれし涙がとめどもなく流れました。この世界に生まれてきたことがうれしい、ありがたいという気持ちが心に溢れてきたのです。

生んでくれた両親にも、自然にも、ヒーリングさせてもらっているこの手にも、足にも、お腹にも、背中にも、首や頭にも……、すべてに感謝しました。そして、心から、生まれてきてほんとうによかったと思えました。

出会ったすべての人にも感謝しました。そのなかには、私を陥れた人や意地悪い人もいましたが、そうした人も含めてすべての人との出会いに感謝の気持ちが湧き出てきたのです。

彼らは誰もが、愛すること、許すこと、そして私のエゴを減らす機会を与えることのために存在していた。そう思えたら、誰もがみんな偉大な存在に見えてきました。

瞑想のあと私が脳の中央に見えたものを瞑想の師である山田孝男先生にお話しすると、「頭の中の7番目のチャクラを見たんだよ。とてもいい体験をしたね」と褒めてくださいました。

チャクラとは体にあるエネルギーポイントのことで、7つあるといわれています。

そのときの瞑想体験で見えた脳は、宇宙のようになっていて、各部位が連絡を取り合っているように見えました。その情景があまりに美しいので見とれていると、「お前たちは光の子です」というメッセージが伝わってきました。私たち人間は光から別れ出てきた存在なのだと直感できたのです。

自分の扁桃体に「ありがとう」を唱えるとき、光輝いている扁桃体をイメージしたほうがいいと思いついたのは、私たちが光の子ならば、私たちの脳も扁桃体も宇宙の光から別れ出てきたものだと思ったからです。

かつて、私はあるセミナー会社でヒーリングのお手伝いをしていたことがあります。難病の方ばかりがやってきて途方にくれていたとき、私は自分にもっとヒーリングの力があったら、何とかしてあげられるかもしれないと思いました。今思うと、とんでもない傲慢な考えでしたが、当時は真剣に悩んでいたのです。

そのときに「もっとヒーリングの力が欲しいなんてエゴでしかない。人ははじめから完全な存在であり、私はそれを気づかせるだけ。私たちは誰でも自分の中に光を持っていることを、先に気づいた者は知らせるだけでいい。ヒーリングとは本来そういうものである。一人ひとりが自分で自分を癒す力を持っている。必要なのは、そのことに気づくことだけだ」というメッセージが来ました。

南米ペルーのマチュピチュの山道での不思議な老人との出会いを通して、私は「ありがとう」という言葉がもつ宇宙的なエネルギーについて教えられましたが、「ありがとう」を唱えることで誰でも自分が持っている癒す力に気づくことができるのです。

脳はイメージと実際の区別が苦手

脳は、イメージしたものと実際に行なったものとの区別が苦手だといわれています。ですから、イメージを書き換えていく（ある意味ではでっちあげていく）とトラウマを軽減しやすくなるのです。

そのために有効なのが、扁桃体に「ありがとう」を唱えることです。扁桃体が癒されてイメージの書き換えが容易になるからです。

たとえば「自分はダメなんだ」というトラウマが消えていき、自分は素晴らしいんだと自然に思えるようになっていきます。たとえ失敗をしてもへこまず、またやり直してみようと前向きに取り組むことができるようになります。そうして人生がうまく回転しはじめます。

トラウマの根っこは幼少期の体験にあることが多いようです。その時代の心の傷をそのままにしておくと、人生を左右します。こんな方がいました。

還暦を過ぎて孫もいるのに、他界した親を恨んでいるのです。「あのとき母親は、私にこんな仕打ちをした。おかげで病気になった」とぼやいていました。実際にどうだったかはわかりませんが、この方がそうイメージしていたために、脳が実際の母親もそうだったと認識していたのです。

私は、自分の名前に「ありがとう」、自分の扁桃体に「ありがとう」を唱えてみてくださいとお伝えしました。ご本人は何かお気づきになることがあったのでしょう、しばらく続けられました。

そのなかで、自分のイメージのなかでつくり上げた母親の姿が実際の母親だと決めつけていたことに気づかれたようです。

じつは、この方はひざ痛でも苦しんでいたのですが、元気に歩けるようになったらやってみたいことリストを作って、それをイメージしてみることもすすめていました。今は、ひざの痛みも消えて、元気に過ごしています。

トラウマに気づかず、自分勝手にイメージをつくってしまうと、脳はそれが実際そうであったように認識してしまいます。そこから脱却するには、自分の名前に「ありがとう」、自分の扁桃体に「ありがとう」を唱えて扁桃体を癒し、イメージを書き換えながら脳の錯覚から解放されていく。それがトラウマを軽減する近道だと思います。

篠浦コラム

ネガティブな感情の背後には扁桃体の過剰な活性化がある

「坊主憎けりゃ袈裟まで憎い」という諺がありますが、脳機能から見ると、感情がイメージをつくり上げており、ネガティブな感情の背後には扁桃体の過剰な活性化があるものと思われます。

いわゆる「とらわれ」は、それによって脳の中で強力な回路がつくられ、偏った考えに引きずられることになるのでしょう。

「ありがとう」と言うことで、扁桃体の過剰な活性化を抑えられ、視床下部（覚醒下手術の経験で波動の中心であることがわかっています）のエネルギーが引き上げられることで「とらわれ」の回路が消えるため、トラウマから解放されるのではないかと思われます。

3章

年齢ごとにトラウマを癒す

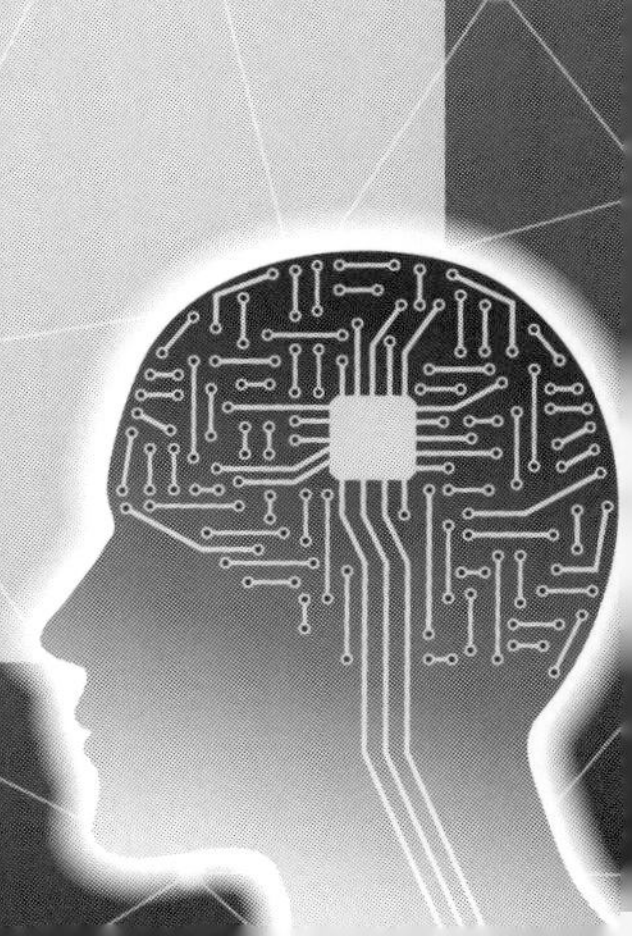

年齢ごとの扁桃体に「ありがとう」を唱えてトラウマを癒す

自分の扁桃体に「ありがとう」を唱えてトラウマを癒すとき、できれば胎児から0歳、1歳、2歳、3歳……と年齢ごとに、扁桃体に「ありがとう」を唱えることもおすすめです。「○○（自分の名前）さんの胎児の扁桃体『ありがとう』」からはじめます。こうすると、ある年齢のときに強くトラウマになった出来事が蘇ってきて、癒すことができます。

とくに子どものときのトラウマは、本人がまったく訳がわからないまま心に刻み込まれ、人生を左右することが多いので、まったく記憶がなくても胎児、0歳からはじめてください。

まず「○○さん（自分の名前）『ありがとう』」と唱えます。

その次に「○○さんの胎児の扁桃体、『ありがとう』」と唱えながら、扁桃体を光らせていきます（10分から20分程度唱えて終了）。

休憩をはさんで、次は「○○さんの0歳の扁桃体、『ありがとう』」と唱えながら、扁桃体を光らせていきます（10分から20分程度唱えて終了）。

休憩をはさんで、次は「○○さんの1歳の扁桃体、『ありがとう』」と唱えながら、扁桃体を光らせていきます（10分から20分程度唱えて終了）。

休憩をはさんで、次は「○○さんの2歳の扁桃体、『ありがとう』」と唱えながら、扁桃体を光らせていきます（10分から20分程度唱えて終了）。

休憩をはさんで、その後も同じ要領で1歳ずつ増やしながら、扁桃体に「ありがとう」を唱えて扁桃体を光らせていきます。

ちなみに、扁桃体をはっきりイメージできる方たちには、胎児や0歳、1歳のころの扁桃体はとてもきれいに見えるようです。年齢とともに汚れていくという方が多いのです。そこで、とくにきれいな胎児のときの扁桃体に「元気で楽しく生きる」「自信を持つ」などとプラスの情報をインプットします。そのほうが、それ以降の年齢の扁桃体全体にとても良い影響が及ぶようです。

参考までに、胎児の扁桃体に「ありがとう」を唱えている私の音声ファイルがあります。胎児の扁桃体に、元気で喜びにあふれて生きるイメージを焼きつけるようにしました。関心のある方はアクセスして聴いてみてください。

そうして今の年齢まで唱えていきますが、言いにくいと感じた年齢のところは、「ありがとう」を唱える回数を多めにしてみてください。

一度に今の年齢まで唱えるのが難しいと感じた場合は、いくつかに分けて唱えていいですし、1日1歳ずつにして唱えていってもいいです。

瞑想で色がイメージできる人は、白いミルク色の扁桃体をイメージしてください。瞑想では、この色はあらゆるものを浄化するといわれているからです。もちろん、色がイメージできなくても「ありがとう」を続けていくと、少し時間はかかってもトラウマが癒されていきます。

何より大切なのは、「ありがとう」を唱えることを継続することです。もし、イメージするのが苦手なようでしたら、「イメージが苦手な原因につながっている扁桃体」と宣言し「ありがとう」と唱えてもいいですよ。

あらかじめ、あの年齢のときはトラブルを抱えて辛かったとわかっているなら、その年齢の扁桃体への「ありがとう」は、とくに念入りにやってみてください。

ここで、年齢順に扁桃体に「ありがとう」を唱える体験をした方たちから寄せられた感想をいくつか紹介してみます。

♡胎児の扁桃体に「ありがとう」で記憶の書き換えが楽になる！

胎児の扁桃体に「ありがとう」を唱えて扁桃体を光らせながら「強靱な体で生まれるんだ」という情報をインプットしました。胎児の扁桃体は元々光っている感じですが、さらにピカピカ光ってきました。

その後の年齢の扁桃体にも「ありがとう」を唱えていると、良い記憶も嫌な記憶もたくさん思い出せるようになり、嫌な記憶の書き換えが楽にできるようになりました。

それまで強かった自己否定癖が一気に消えた感じです。体の不調も、医師がびっくりするぐらい改善し、元気になっています。

♡以前よりずっとずっと楽しいことにフォーカスできる！

胎児の扁桃体に「ありがとう」を唱えながら扁桃体を光らせました。毎日続けて2週間ころのこと、「ありがとう」を唱えていると涙がボロボロ流れてきたのです。気づいたら、「健康で元気に生きる」と、すごい勢いで何回も泣きながら叫んでいたんです。

そんな自分にびっくりしましたが、まるで潜在意識にはびこっているマイナスの想念を吹き飛ばすような勢いでした。こんな体験は初めてです。

ものすごいエネルギーが心の奥から湧き出てきて、喜びながら生きていいんだ、楽しみながら生きていいんだという思いが体中に広がっていきました。同時に、それまでの私は灰色の世界に住んでいたことに気づいて愕然としました。

ある日、「ありがとう」を唱えていると、胎児になるには受精卵が細胞分裂をくり返しながら着床し、それから体がつくられて……と胎内で起こっていることがやけに想起されました。お腹のなかでは本当に凄いことが起きているんだと思っていたら、感動して涙が流れて止まらなくなりました。

私が生まれてきたことは凄いことなんだと感じていたら、産んでくれた母にも感謝の気持ちでいっぱいになりました。

それまでは体に少しでも不調があると、びくびくして、生きることに前向きになれず落ち込んでいました。でも今は、以前よりずっとずっと楽しいことにフォーカスして毎日を過ごせるようになっています。

♡苦しんできた自分を抱きしめてあげることができた！

胎児、0歳、1歳……と年齢ごとに自分の扁桃体に「ありがとう」を唱えていくと、それぞれの年齢の記憶の扉が開いていきました。扁桃体が記憶の扉の鍵になっているのかもしれません。続けていると、これまで思い出すこともなかった記憶がどんどん出てきました。

とくに0歳のときの記憶では母の不安が伝わってきました。今の年齢になるまで思ってもみなかったことですが、商売をしていたわが家では跡取りの男の子がほしかったようでした。

幼稚園のころの記憶で、昔ながらのトイレが昼間でも私には怖かったことを思い出しました。そのため夜になるとわが家のトイレには一人で行くのが怖かったのです。だから母親に一緒について来てほしかったし、「どうしたの?」と言ってほしかったことが蘇ってきました。

このころからの扁桃体は黒やグレーに見えました。その扁桃体に「ありがとう」を唱えていると、本当はもっと両親から愛されたいと必死に思っている自分がいたことに気がつきました。

中学生のころの扁桃体に「ありがとう」を唱えていると、「自分はいらない子だ、私はいなくなってもいいんだ」という思いを抱えて、激しく自己否定をしている自分がいたことを思い出しました。

そこで、扁桃体を光らせながら「ありがとう」をしばらく続けていると、「本当は、私は素晴らしい存在なんだ」という思いが心に湧いてきました。さらには、それが文字になって見えてきたのです。そのとき、扁桃体と心は深く繋がっているんだと気づきました。

母は子どもに対する愛情表現がうまくできなかっただけで、私を嫌っていたわけではなかったのです。私を産んでくれて「ありがとう」、育ててくれて「ありがとう」という思いが湧いてきて、心が満たされていくのを実感しました。

今まで、そのことに気づかず苦しんできた自分を抱きしめてあげると、誰がなんと言おうと自分はかけがえのない素晴らしい存在であるという思いが心にすっと収まった気がしたのです。これは、本当にものすごい収穫でした。

♡4歳の扁桃体に「ありがとう」を唱えていると親を許せた!

扁桃体に「ありがとう」を胎児、0歳、1歳……と年齢ごとに言ってみました。3歳までは順調に言えて、扁桃体をイメージすることも容易でした。ところが、4歳の自分に「ありがとう」を言おうとすると、眠くなってしまいます。原因はなんだろうと考えてみると、私が4歳のころ両親の仲が悪く、たびたび喧嘩をしていたのを思い出しました。

喧嘩をしている姿を見るのが苦痛で、幼心に「怒り」を感じていたことが蘇ってきました。それから、毎日4歳の扁桃体を白く光らせながら「ありがとう」を唱えていると、しだいに癒されていきました。2カ月経ったころには、親を許せるようになりました。

その他にも、自分の中に潜んでいた記憶やトラウマが見えてくるにつれて、知らぬ間に身に付いていた自分の思考の癖も認識できるようになりました。お蔭さまで仕事やプライベートなことで自分を苦しめていた思考にとらわれず、気持ちよく過ごせるようになっています。

♡「私は愛されていない。いらない子だ」という思いから解放された！

胎児、０歳から今の年齢まで順番に、扁桃体に「ありがとう」を唱えながら扁桃体を光らせるようにしました。すると、忘れていた4歳のころの記憶が蘇ってきました。

４歳のころ母が病気になり、私一人だけ母の実家に預けられました。祖父は、母の結婚に反対していて、父親似の私を嫌っていたようです。祖父の冷たい態度に、幼かった私はなぜ自分が嫌われているのか理解できませんでした。

「私は愛されていない。いらない子だ」と思うようになったのは、このときからだったことを思い出し、私のリウマチの原因もここにありそうだと気づきました。

半月ほど、４歳の扁桃体に「ありがとう」を続けていると、気持ちが前向きになり、体も少しずつ楽になってきました。痛みも和らいで、痛み止めを減らしても過ごせるようになり、今はありがたいことにリウマチの症状がほとんど出なくなっています。

♡癌が消えた！

長崎県　平井一郁さん　50代男性

年齢ごとに扁桃体に「ありがとう」を唱えていきました。胎児、0歳、1歳、2歳までの扁桃体はきれいでしたが、3歳から頭の中がジンジンしてきて、扁桃体が暗く閉ざされていく感じが強くなりました。なんとか光らせようとしても暗いままで、いつのまにか眠ってしまいました。

再度、3歳から5歳までをやり直しました。すると、忘れていた記憶が蘇ってきました。そのころ僕は毎日毎日泣いていたようです。「ありがとう」を唱えていると、気分が少し楽になりました。

姉が小学生になり新品の机を買ってもらったとき、両親から、僕も小学生になったら兼用で使うようにと言われてショックを受けたことが蘇ってきました。僕は机を買ってもらえないんだ、愛されてないんだと思ったのです。

それが引き金になり、僕は自分が不幸になってちょうどいいと心の奥底で思っていたことに気がつきました。癌になると決めたのも、そのときかもしれないと思いました。

扁桃体に「ありがとう」を言いはじめてから、子ども時代のつらかった記憶が蘇り、不安が精算されていきます。心の奥に潜んでいたネガティブな思いがどんどん癒されて楽になり、癌の不安も消えていきました。

さらに、「奇跡だ、完治して異常なしです」と医師に言われている場面をイメージし続けていると、2カ月後に本当にその通りになりました。出血多量で救急車で病院に運ばれて入院したとき、医師から末期癌で完治は望めない、生きては帰れないと宣告され、妻と泣いたことが嘘のようです。

今は癌が消えて1年が過ぎていますが、再発もせず元気で生きていることに感謝しています。

チア魔女から教わった言葉も自分のハートに語りかけていましたが、それもとても効果があったと思います。

「今、私平井一郁は完治すると決めます。今後10年先、20年先にどんな素晴らしい未来が待っているか体感したい。だから私の病気を消してください。

元気になってもっともっと人生を楽しみたい。心の奥底の潜在意識にお願いします。私をただちに健康にしてください。

私は、常に感謝の気持ちを持ち続けます。上澄みだけでなく、心から感謝の気持ちを持ち続けます。だから、元気にしてください。

生かされていることに感謝をして、この体を家族や周りの人が喜ぶために使います」

［著者注］この言葉は病気の方に唱えてもらっています。潜在意識とは無意識のことです。

♡何十年も苦しんだ閉所恐怖症が消えた！

胎児、０歳、１歳、２歳、３歳、４歳の扁桃体に「ありがとう」を唱えていくと、４歳のときの扁桃体がとくに汚れていると感じたので、念入りに「ありがとう」を唱えました。

最初はただ汚れているな、ここに何か大きな傷がありそうだなと感じていたのですが、何日か「ありがとう」を続けていると、ある記憶が蘇ってきました。兄たちが遊んでくれなくて、真っ暗な蔵の中で小さい私は一人、怯えながら寂しそうにしています。

私がいつも心の奥で感じ続けた寂しさの根っこはそこにあったと気づいたのです。私は、４歳の自分の扁桃体に「ありがとう」を言って、「もう大丈夫だよ」と伝えました。それを数日くり返していると、子どものころの自分が笑顔になりました。

私は何十年も、閉所恐怖症で苦しんできました。一人でタクシーに乗ることもできませんでした。それが数日で消えたことに驚きました。

♡1歳のときインプットされたトラウマに気づいた!

1歳の扁桃体がくすんでいる感じがしていると、2歳離れた姉が自分の体よりも大きい赤い犬のぬいぐるみを持っているイメージが蘇ってきました。

姉はいつもぬいぐるみを抱いていて、私が触ろうとすると「だめ、汚い手で触らないで」と触らせてくれません。ずっと触りたくて仕方なかったのに、貸してもくれませんでした。

そのことで、私の心の奥に「一番欲しいものは手に入らない」という思いが刻み込まれ、ずっと心の隅にあったことに気がつきました。こんなことがトラウマになっていたことに驚きました。

そこで、傷ついていた扁桃体に「ありがとう」を唱え、扁桃体を光らせながら、姉がぬいぐるみを貸してくれるイメージに書き換えてみました。

すると、「欲しいものを手にしてもいいんだ」と思えるようになり、これからはどんどん願望をかなえていこうという思いが湧いてきたのです。子どものころの扁桃体にインプットされたことの影響の大きさにびっくりです。

これからは、いろんな願望を達成していけそうです。

♡心が温かくなるのを感じた!

私は子どものころから自分のことをあまり話せませんでした。恋愛をしても「好きです」とは踏み込めず、うまくいきません。どうしてそうなのか、ずっと悩んでいました。

4歳の扁桃体に「ありがとう」を言ったとき、あることが蘇ってきました。通っていた幼稚園に親しい男の子がいて、私はその子と仲良くしていました。先生も知っていて、ノートに記録していました。

ところが、姉や姉の友達が私とその男の子の姿を見て「ヒュー」と言ってからかったのです。そのことで、自分のことを話すとからかわれると思い込んでしまったことを思い出しました。

私が自分のことをあまり話さないのは、ここから来ていると気づいたのです。4歳の扁桃体に「ありがとう」をくり返し、扁桃体を光らせて癒していると、心が温かくなるのを感じました。

2、3年前に、占い師から「女性性を高めないと、結婚できないよ」と言われたことがあります。そのときは女性性というのは掃除や料理をきちんとできることだと思いましたが、「ありがとう」を言っているうちに、自分の気持ちをしっかり伝えることなんだと気づいたのです。

今は、ありのままに愛される自分でいようと思えるようになりました。もっともっと扁桃体を癒して、幸せな結婚をしたいと思っています。

♡たくさんの気づきを与えられた！

0歳の扁桃体に「ありがとう」を言っていると、私が生まれたときに生じたトラウマ（バーストラウマ）の記憶が蘇ってきました。それとともにすごい頭痛も出てきました。

私には胎児のときの記憶があります。こんな世の中には生まれたくない、生まれても苦労するのがわかっているので嫌だな、と胎内にいるとき思っていたのです（そのころ両親は喧嘩ばかりしていました）。そのためか出産はかなりの難産で、外の世界に出るとき体中や頭がめちゃくちゃ痛かった記憶があります。

このときに生じたトラウマがその後の私の人生に影響していることに気づいたのです。そこで、胎児から0歳の自分に「ありがとう」を言いながら、「本当は周りからも両親からも望まれて、祝福されて生まれてきたんだよ」と話しかけました。

4歳の扁桃体に「ありがとう」を言ったときは、そのころ通っていた保育園の記憶が蘇ってきました。保育園は年中から入ったのですが、同じ年の子たちはほとんど1年前から入園していました。それでも先生方は私を他の子たちと同じように扱いました。

ルールがわからなくて戸惑っていると、先生から叱られることがよくあり、私は保育園に行きたくないと母に泣いて訴えました。それでも強制的に連れて行かれる毎日が続き、大人に不信感や猜疑心を持つようになっていたことを思い出しました。

別の記憶も蘇ってきました。私が給食を時間内に食べられなかったり、お遊戯をうまくできなかったりすると、「僕の言うとおりに真似をしたらいいよ」と助けてくれる男の子がいたことや、塗り絵や折り紙をして遊んでくれた優しい女の子の友達がいたことです。嫌なことばかりじゃなくて、楽しく過ごしていたことも思い出したのです。

宇宙に繋がっている感覚や、何かに見守られている感覚があったのに、大きくなるにつれて忘れてしまっていたことにも気づきました。そのことで迷走しまくっていた自分だったのです。

自分の扁桃体に「ありがとう」を言っているうちに、たくさんの気づきを与えもらったことに感謝しています。

♡癌の進行が止まった!

北海道　大久保和子さん　60代女性

胎児、0歳から今の年齢までひたすら扁桃体に「ありがとう」を唱えながら光らせてみました。そうしていると、女の子に生まれて親にがっかりされたことや、小学校時代に壮絶ないじめを受けて泣いたり怒ったりしていた自分が出てきました。

大人になってからも、仕事場でのトラブルが浮かんできたり、私自身の離婚調停のときに、相手の作り話を信じた調停委員が私を諭してくることに憤慨している自分も出てきました。いろんなトラウマがいっぱい思い出されて、扁桃体を光らせるのが嫌になりました。

それでも頑張って年齢ごとの扁桃体に「ありがとう」を唱えて光らせながら、今の年齢まで行ない、過去を書き換えていきました。

私は乳癌にかかっていたのですが、右胸の乳頭から今まで見たことがない塊が出てきました。その瞬間、体がものすごく暖かくなり、頭も胸もお腹も幸せ感で満たされました。この体験をしたあと、不思議なことが起こりました。

抗がん剤も手術も放射線もしていなかったのに、乳癌の進行が止まっていたのです。というより、縮小していたのです。最初の検査では1・0㎝強あった癌が

０・５㎝にまで小さくなっていました。篠浦医師にもこのまま頑張り続けなさいと言われました。そして、数カ月後にガンは消えて自然治癒していました。

篠浦コラム

波動が変化すると肉体が変わる

人間の身体は、量子力学でいうところの粒子（肉体）と波動（魂）でできており、波動が変化すると肉体が変わっていくのは物理学的には当然のことかと思います。

「ありがとう」と言うことで、身体全体の波動が自然治癒力を高めるいい波動、エネルギーに変わり、その結果ストレスから生じた乳癌が影響を受け、小さくなったと推測されます。

4章

気になることを扁桃体に宣言して「ありがとう」を唱える

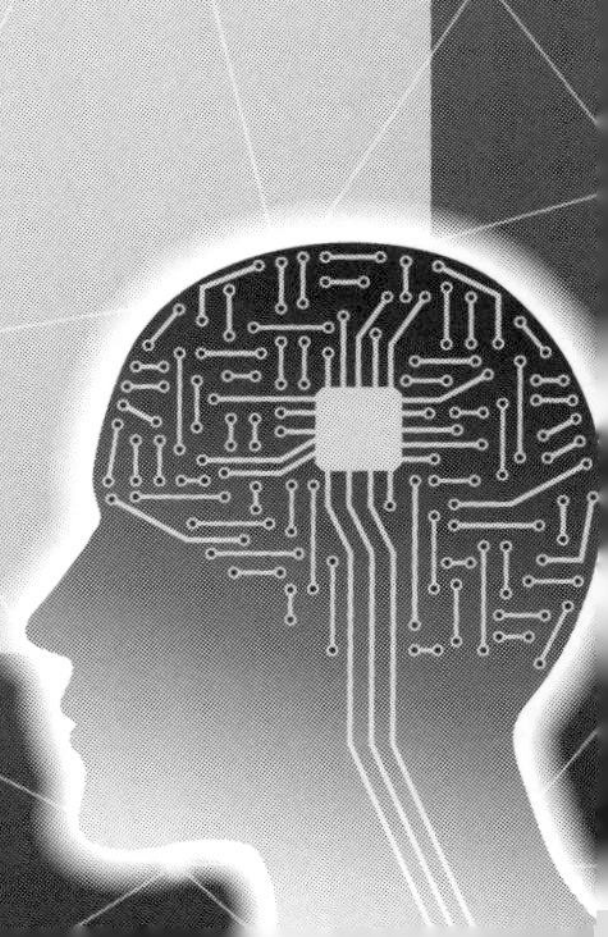

気になることを扁桃体に宣言してみる

前章までは、扁桃体に「ありがとう」を唱えた方たちの体験を主にご紹介してきましたが、この章は応用編として、今気になっていることを扁桃体に宣言して「ありがとう」を唱える方法をご紹介します。

宣言の仕方は簡単です。たとえば、自分は劣等感が強いと感じているなら、「劣等感の強い原因につながっている扁桃体」と宣言をします。それから、扁桃体に「ありがとう」を唱えながら扁桃体を白く光らせます。言いづらければ「劣等感の強い原因の扁桃体」と宣言してもかまいません。

表にあるのは参考例です。このなかからご自分に当てはまるものを選んで宣言してみてもよろしいですし、ご自分で気になることがはっきりしているときはそのことを宣言して「ありがとう」を唱えてみてください。

「不安を引き起こす原因につながっている扁桃体」
「自分が嫌いな原因につながっている扁桃体」
「嫉妬心が強い原因につながっている扁桃体」
「コミュニケーショントラブルを起こす原因につながっている扁桃体」
「免疫を下げる原因につながっている扁桃体」
「不幸癖の原因につながっている扁桃体」
「頑固の原因につながっている扁桃体」
「素直になれない原因につながっている扁桃体」
「直感を疑う原因につながっている扁桃体」
「イメージするのが苦手な原因につながっている扁桃体」
「依存しやすい原因につながっている扁桃体」（スマホ依存、買い物依存、薬物依存なども）
「変化を恐れる原因につながっている扁桃体」
「自分を後回しにする原因につながっている扁桃体」
「感謝を拒む原因につながっている扁桃体」
「見栄を張る原因につながっている扁桃体」
「自分を否定する原因につながっている扁桃体」
「子どもを嫌う原因につながっている扁桃体」
「上司の○○さんを嫌う原因につながっている扁桃体」
「親を嫌う原因につながっている扁桃体」
「自分のことしか考えない原因につながっている扁桃体」
「生きる気力が湧かない原因につながっている扁桃体」
「言葉にするのが苦手な原因につながっている扁桃体」
「上辺しか見ない原因につながっている扁桃体」
「幸せになることを拒絶する原因につながっている扁桃体」
「不幸にしがみついている原因につながっている扁桃体」
「肩こりと緊張の原因につながっている扁桃体」
「近眼・老眼、そのための病気の原因につながっている扁桃体」
「相反する思いの原因につながっている扁桃体」

全国から感動的な体験が次々と

すでに全国で実践された方たちがたくさんおられます。その体験が私のもとに寄せられています。ここで、そのいくつかをご紹介したいと思います。

どんな体験をしたのか、一覧にしておきます。関心のあるところからお読みください。

▽▽▽▽▽▽▽▽▽▽▽▽

▽▽▽▽▽▽▽▽▽▽▽▽▽

♡不安にとらわれることが少なくなった！

「不安になる原因につながっている扁桃体」と宣言をして「ありがとう」を言いながら扁桃体を光らせてみました。すると、幼稚園のころ、親がケンカしている空気が嫌で、子どもながらに家出（とは言っても、家の近所をぐるっと一周してくる程度）をした記憶が蘇りました。

大人はちょっとしたことで喧嘩をする、そんな気持ちが子どものころに焼き付いたようで、私の中にある不安はそこから来ているのだと気づきました。その当時の扁桃体に「安心して、大丈夫だよ」と伝えました。

それを続けていたら、不安にとらわれることが少なくなりました。

♡夫の心配性が変化しはじめた！

夫は心配性で不安になると愚痴をよく言っていました。そこで、「夫の不安の原因につながっている扁桃体」と宣言し「ありがとう」を言いながら扁桃体を光らせました。すると翌日、主人が熱を出したので、これはかなり深刻だと思いました。

夫に変化が現われてきたのは3カ月ほど続けたころです。主人の口癖が変わってきて、心配性や不安症が減ってきたように感じています。

※参考までに、私（愛場）が「不安になる原因につながっている扁桃体」と宣言して「ありがとう」を唱えている声音ファイルがあります。関心のある方はアクセスして聴いてみてください。

♡気になることがあると試している！

夫はよく、ワイシャツやズボン、下着などを脱ぎ散らかすことがあります。それを見るたびに私はイラっとして注意しますが、「あ〜、はいはい、気をつけるね」と上の空です。

そこで、「私の話をいい加減に聞く夫の扁桃体」と「夫に対して腹が立つ私の扁桃体」を同時にテーマ宣言をしてから「ありがとう」を唱えてみました。すると、その当日、夫が「今日はちゃんと脱いだよ〜」とわざわざ報告までしてくれて（笑）

それを聞いた私も、「ま、いいか……」と受け流すことができました。これは効果があると思い、「センスが悪い夫の原因につながっている扁桃体」と宣言をして「ありがとう」も唱えてみました。今度はステキなプレゼントを送ってくれました。

その他にも、気になることがあると実験的に試しています。

♡直感を大切にできるようになった！

「直感を疑う原因につながっている扁桃体」とテーマ宣言をして「ありがとう」を唱えていると、頭で考えすぎて裏目に出ていることが多いことに気づきました。頭で考えすぎると直感が鈍るので、まずやってみて、感じることを大切にしようと思いました。

毎日気になることを宣言して「ありがとう」を続けていると、上司に褒められたり、仕事でいいことが起こったりしはじめました。この調子で続けていきます。

♡直感を信じて楽しめるようになった!

「直感を疑う原因につながっている扁桃体」と宣言をして「ありがとう」を言ってみました。すると、ふだんはあまりイメージが浮かばないほうですが、何やら黒いものが二つ浮かんでいるのが見えました。びっくりして「ありがとう」をいっぱい言うときれいになりました。

それからは、直感を信じて人生を楽しもうと思えるようになりました。今日は残業がなさそうだなとか、仕事でほめられそうだなと直感したら、それを楽しみながら頑張っています。

♡閃きが鋭くなった!

「直感を疑う原因につながっている扁桃体」と宣言をして「ありがとう」を言っていると、直感なんて当たらないよ、という思いが湧いてきました。

この思いはどこから来るんだろうと思っていると、中学のときにテストの山勘が外れて、とんでもない成績だったことを思い出しました。単なる勉強不足で直感とは関係ないのに、直感のせいにしていたことに気づきました。

中学のときの扁桃体に、それは直感じゃなくて勉強不足だよ、直感は自分を守ってくれるんだよと伝えました。

この飛行機乗りたくないとか、この人に会いたくない、この会社に入らないほうがいいという直感が災害から自分を守ってくれるんだよと、中学の自分に伝えていると、2週間ほど経ったころから閃きが鋭くなるのを感じました。

♡人の目が気にならなくなった！

「人の目を気にする原因につながっている扁桃体」と宣言をして「ありがとう」を唱えていると、2、3歳ころの両親が喧嘩をしていて、私が怯えている情景が浮かびました。親の仲が悪かったので、常にアンテナを張って周りの大人の怒りや争いのエネルギーから自分を守っていたことを思い出したのです。

それが今、人のことを気にしすぎて、びくびくする自分につながっていることに気づきました。「人の目を気にする原因につながっている扁桃体」と宣言をして「ありがとう」をくり返していたら、しだいに人の目が気にならなくなっている自分に変化していました。

♡自分に自信がもてるようになった！

「人目を気にする原因につながっている扁桃体」と宣言をして「ありがとう」を唱えていると、小学生のころ、みんなと同じ行動ができなくて先生にいつも怒られていたことを思い出しました。そのことを知った親からも、みんなと同じにしなさいと怒られました。

そのころから私は、人の目が気になって自分のことを言えず、ひたすら人に合わせようと思うようになっていきました。

私は子どものころの自分に、「先生はあなたの良さがわからないんだよ。みんな同じだと扱いやすいからね。でも、同じにする必要はないんだよ。遅い子もいるし、早い子もいる。それはその人の個性だよ。早いけど雑だったり、遅いけど丁寧だったりする。どちらがいいとか悪いとかじゃないんだよ。あなたはあなたのままでいいんだよ」と伝えました。

何度も伝えていると、人の目が気にならなくなり、少しずつ自分に自信が持てるようになっていきました。

♡吃音《きつおん》になる理由がわかった！

「言葉にするのが苦手な原因につながっている扁桃体」と宣言をして「ありがとう」を唱えていると、5歳のとき、近所の吃音の男の子の真似をしていたことを思い出しました。そのころから、自分もどもるようになり言葉に出しても伝わりにくくなり、大人になってからも言葉がうまく出てこなくてつらい経験をしたことに気づいたのです。

言葉が吃音になる理由がこんなところにあったのかと驚きました。その男の子の扁桃体をイメージして懺悔文《さんげもん》のお経を唱えてみると涙が出てきました。

我《が》昔《しゃく》所《しょ》造《ぞう》諸《しょ》悪《あく》業《ごう》
皆《かい》由《ゆう》無《む》始《し》貪《とん》瞋《じん》痴《ち》
従《じゅう》身《しん》語《ご》意《い》之《し》所《しょ》生《しょう》
一《いっ》切《さい》我《が》今《こん》皆《かい》懺《さん》悔《げ》

毎日やっているうちに、ふと気づくと言葉がかなりスムーズに出るようになっていたのです。コミュニケーションで苦労することも減りました。

♡不眠症の母が熟睡した！

母が不眠症なので、「母の不眠の原因につながっている扁桃体」と宣言をし、母親の扁桃体に「ありがとう」を言ってみました。光のイメージは湧かなかったのですが、10分ぐらい続けました。

その日、自宅に帰ると、母は寝ていて、死んだのかと心配になるぐらい爆睡していました。翌朝「なんだかわからないけど、眠くてね、よく寝たわ。何十年ぶりだろう」と言うのです。とても不思議だけど、素敵な体験でした。

♡夫の子ども嫌いがなおった！

夫は子どもが苦手で、親戚の子どもを見てもかわいいとは思えないと言っていました。うざいな、さわがしいなと思っていると、顔が険しくなるというのです。「これじゃあ、私たちには子どもができそうもないな」と思い、「夫が子どもが苦手な原因につながっている扁桃体」と宣言をして「ありがとう」を唱えていました。

3カ月過ぎたころ、夫と二人、ファミレスで食事をしていると、隣の人が抱いている子どもを見て、夫が「かわいいな」と言っています。彼の子ども嫌いがなおってきたなと感じました。

今は、これなら子どもができても大丈夫と思えるようになりました。

♡上司への苦手意識が消えた！

ある上司が苦手になり、このままだと仕事に差し障りがあると悩んでいました。もしかしたら変われるかもと思い、「上司を嫌う原因につながっている扁桃体」と宣言をして「ありがとう」を唱えてみました。2カ月続けたころ、その上司と接していても苦手だという気持ちが無くなっていることに気づきました。

私の気持ちが変化したせいか、上司が私に気をかけてくれるようになり、仕事もスムーズに運ぶようになりました。今は、会社に行くのが楽しいです。

もし、みなさんも苦手な人がいたら、やってみることをおすすめします。

♡つらかった母親との関係が劇的に変わった！

私は小さいころから、親に押さえつけられ、一度も自分の本音を言えないまま育ちました。そんな親の期待に応えないといけないというプレッシャーは結婚しても続いていました。

このままでは自分の子どもともうまくいかないかもしれない。何とかしなければと思い、「母とギクシャクする原因につながっている扁桃体」「母と変なしがらみを作った原因につながっている扁桃体」「母への感謝を強制させた原因につながっている扁桃体」などと宣言をして「ありがとう」を3週間ほど毎日唱えてみました。

くり返していると、今までに感じたことのない怒りや恨みのような気持ちが湧いてきました。これを癒さないとダメだと思い、宣言と「ありがとう」を続けながら扁桃体を光らせました。

私はイメージするのが苦手なのですが、続けているうちに母のイメージが変わってきました。いつも私に対して「あなたは何か足りない、間違っている、感謝も足りない、だからダメなんだ」と否定的な発言ばかりだった母が、私を応援してくれるイメージに変わっていきました。

そして、私の扁桃体に

「あのときはつらかったよ、しんどかったよ、感謝を強制されて感謝が嫌になったよ。誰にも言えなかったね、寂しくても傷ついても、一人で我慢していたね。で

も、大丈夫だよ、もうわかったから傷を癒していく
からね」
と語りかけました。
　母の扁桃体には
「お母さん、私の気持ちをわかろうとしないで、上から押さえつけていたよね。ちょっとでも反抗的な態度を取ると、いちばん傷つく言葉を使っていたね。私は、すごく傷ついた！　一人で泣いたんだよ！　感謝しろと言われてもできなかったよ。本当はしないといけないとわかっていても傷ついた心が拒否していたんだよ。
　でも私は次の段階に行きたいから、お母さんを許すと決めた。お母さんも小さいころ、すごくつらかったのを知っているし、若くして私を産んだから、愛情のかけ方もわからなかったんだよね。一緒に癒すよ！」
と本音を吐き出しました。

とにかく何度も宣言をし「ありがとう」を唱えました。

ある日、母から電話があり話していると、私と母の扁桃体に話しかけていたことを実際の母親にも言って良さそうな感じがしてきて、思い切って言ってみたんです。言いながら泣いてしまいましたが、母も泣いていました。

私が子どものころ寂しかったこと、傷ついていたことも話したら、「あなたが寂しい顔をしていたのをはっきり思い出した、ごめんね。つらい思いをさせて悪かったね。ごめんね、お母さんは若くて何もわからなかった。ただ必死だった」と謝ってくれました。

このとき、私の中で何かが変わりました。それが何かはうまく表現できませんが、母を許して本物の「ありがとう」を伝えようと思ったのです。「聞いてくれてありがとう」と母に言うと、「話してくれたから、謝ることができた。ずっと愛情をかけられなかったことを悪いなと思っていたから」と言ってくれました。

私は、一生母を許せないと思っていました。それがこんなに簡単に許せるなんて思いもしませんでした。お蔭さまで私たち母娘は次に進めそうです。

母親に『自分の名前に「ありがとう」を唱えるとどんどん幸運になる！』の本をプレゼントしました。母は「とってもいい本だよ、何度もくり返し読んでいるよ。子どもが40代になっていても、ありがとうを言うといいと書いてあったので、3万回あんたにありがとうを言って泣いたよ。生まれてきてくれてありがとうって」

こんな日が来るなんて夢みたいです。母とのしこりが取れて、今ではとってもいい関係です。

♡親への罪悪感が消えた！

私の父は他界しました。父は生前、とても可愛がってくれましたし、母とは今もいい関係です。ただ、父が病院に入院していたころ、私は他県に住んでいたこともあって病院にはほとんど行けませんでした。

そのまま父は亡くなったのですが、それから10年間、私はずっと後悔していました。それで、「親に罪悪感のある原因につながっている扁桃体」と宣言し「ありがとう」を唱えてみました。手の中に自分と父親の2つの扁桃体を入れるようにイメージして光らせてみました。

すると、死んだ父が出てきて抱きしめてくれたのです。とても不思議ですが、確かな感触がありました。そして、「いいんだよ。そんなこと」と言ってくれているように感じました。その瞬間、父への罪悪感が消えました。

♡母との間にあったわだかまりが消えた！

私の母は病気になってからも、私の子育てを手伝ってくれていました。その母がとうとう寝たきりになったとき、私は母を田舎から連れてきていっしょに生活をすることにしました。ところが、そんな生活に疲れ果てた私は、母が亡くなったとき、悲しむよりどこかでホッとしていたのです。

そのことに罪悪感があり、こんな自分は許せないという思いをずっと抱えていました。私の中に母の愛を信じられない自分がいたからだと思います。

その苦しみから解放されたいと思って、「母の愛を信じられない原因につながっている扁桃体」と宣言し「ありがとう」を唱えてみました。すると、忘れていた母との思い出が次々と蘇ってきて、涙がこぼれてきました。

母の扁桃体に「ありがとう」を唱えていたら、病気になる前の元気な母の姿が浮かんできて、私を抱き締めてくれました。母との間にあったわだかまりが消えていき、体が軽くなりました。

この文章を書いている最中も涙が出てきます。もっともっと扁桃体に「ありがとう」を唱えていこうと思います。

♡楽しみながら自分ペースで仕事ができるように！

「仕事がつらいと思っている原因につながっている扁桃体」と宣言をし、「ありがとう」を唱えました。そうしていると、私が子どものころ母が仕事に出かけるようになった当時のことが思い出されました。

仕事から帰ってきた母は、いつも疲れているようで機嫌が悪そうでした。その姿を見ていた私は、仕事は大変なもの、つらいものだと思っていたことに気づいたのです。

今ならわかりますが、当時、母は家庭の嫁姑問題や父との関係で悩んでいて、仕事に出ることで気分転換したかったのだと思います。ところが、体力のない母にとって外で働くことはしんどく、帰ってきてから子どもの相手をする余裕がなかったのでしょう。

私はそんな母を見ながら、働くことはつらいことなんだと思い込むようになったことに気づいたのです。

扁桃体を光らせて癒しながら、「仕事は楽しいよ、すいすいうまくいくよ」と子どものころの自分に言い聞かせました。

しばらく続けていると、仕事がつらいという気持ちが減ってきて、楽しみながら自分のペースで仕事と向き合えるようになりました。これは、私にとってはすごい進歩です。

♡劣等感が強い自分を受け入れられた！

試しにと思い、「劣等感に苦しむ原因につながっている扁桃体」と宣言して「ありがとう」を唱えてみました。すると、心の奥に押し込んでいた子どものころの記憶がドバッと出てきました。

私は、これまで自分はそれほど劣等感が強いタイプではないと思っていましたが、どうやら劣等感を劣等感だと認識できていなかったみたいです。本当は劣等感があるのに蓋をして、見ないふりをしていただけだと気づきました。

これまで私は、何をしていても自信をもてず積極的に取り組めない自分が嫌でたまりませんでした。その原因が、じつは劣等感にあったのだと気づきました。その瞬間、何かが抜けたようにすっきりしたのです。

今まで自分を無意識に偽って生きてきました。これからは自分と向き合い、ありのまま

の自分で楽しく生きていこうと心から思えるようになりました。

♡姉に対する劣等感から解放された！

私には3歳年上の姉がいます。子どものころから憧れていて、小学校の先生が尊敬する人は誰ですかと聞いたとき、クラスのみんなは歴史上の人物とか社会で活躍している人の名前を挙げるのに、私は「姉です」と言っていたようです。

姉はあまり勉強していないのにテストではいい点数を取ってきます。私が中学に行くと姉を教えた先生が担任になり、「お前のお姉さんは簡単に問題を解けたぞ」「お前のお姉さんは英語できたぞ」と言われました。

そのころの私は姉と比較されるのが嫌でたまらず、学校に行かないと泣き出したこともあります。困った母が学校の先生に上の子と比べないでくれと文句を言いに行ったほどでした。

私は姉と比べて、同じようにはできない、姉に勝てるわけがない、自分は頭が悪いと思っていました。「どうせ何をやっても無駄だ」と決めつけ、私をこんなふうにした姉に嫉妬心や劣等感を抱いていたのです。

このままではいけないと思い、「劣等感の原因につながっている扁桃体」と宣言して「ありがとう」を言ってみました。すると、「姉にないところがあなたにはあるよ。水泳だって速いし、運動神経もいいよね」という思いが湧いてきました。

そのことを自分の子ども時代の扁桃体にも伝えて癒しました。そうしていると、「自分は自分だから劣等感はいらない」と自然に思えるようになりました。姉のことも尊敬できるようになり、仲良くしていけそうです。

♡変化を恐れず転職できた！

私の職場はサービス残業が多く、忙しい割には給料が安くてへとへとになることも多かったのですが、転職に踏み切ることはできずにいました。田舎なので転職先を見つけるのは難しいから、不満がある職場でも辞めないほうがいいと考えていたのです。

肩が上がらなくなったり、めまいがしたりして体調が悪くなっても、私がいないとみんなが困ると思って、そのまま働き続けていましたが、とうとう体が悲鳴を上げてしまいました。

このままでは自分がダメになると思い、「変化を恐れる原因につながっている扁桃体」と宣言して「ありがとう」を言ってみました。いつまでも変化を恐れていてはいけないという思いが湧いてきて、ようやく転職しようと決めることができました。

一次面接が近づくと不安で仕方なくなったので、今度は「不安の原因につながっている扁桃体」と宣言して「ありがとう」を唱えていると、不思議と不安が消えていくのがわかりました。

お陰さまで一次面接、二次面接は穏やかな気持ちで臨むことができました。いい感触だったので吉報を待っていると、期待通り「採用が決まりました」と連絡がありました。

♡努力しても報われない原因がわかった！

チア魔女から「上澄みだけ見てわかった気になる原因につながっている扁桃体」と宣言して「ありがとう」を言ってみてとすすめられ、試してみました。何度かやってみましたが、最初は何も感じませんでした。ところが少し続けていると、自分と同じ頭の形をしたヘルメットのようなもののイメージが突然浮かんできました。

頭がスッポリとヘルメットに覆われているため扁桃体を光らせることができなかったのです。そのヘルメットをハンマーでかち割るようにすると扁桃体を光らせることができ、頭がスッキリして軽くなりました。

さらに、2日目、3日目と続けていると、どうしようもなく悲しくて涙が溢れてきます。なぜなのかはわかりませんが、涙が流れてきます。

5日目になって、自分には能力がない、どうせやっても結果は変わらないから、と自分を否定する気持ちが表に出てきました。それまで意識したことのない自分の気持ちにビックリ！　でも、それは小さいころからあるものだと気づきました。それからは、だから病気になったんだ、劣等感や嫉妬心にとらわれている自分は情けないという思いがどんどん溢れてきて、めげそうでした。でも、そんなどす黒い部分も含めて自分なんだ、そんな自分を認めようという思いが湧いてきたのです。

それまで努力しても報われなかった原因がわかり、ようやく素直な気持ちで自分に「ありがとう」と言えました。病気も治そうと心に決めました。

これからも、宣言と「ありがとう」を続けていこうと思っています。

♡心の奥に隠れていた傷が癒された！

私の父はヒステリックなところがあり、物を投げつけたり、突然テーブルをたたいたりすることがよくありました。父のＤＶを恐れながら育ったのです。それでも、自分は普通の親のもとに生まれ、恵まれた家庭で育っていると思いたかったので、そんな現実を見ないようにしていました。

本当は、子ども時代に貧乏だったことや、親がDVだったことは恥ずかしいことではないのに、見栄を張り、自分を偽って生きてきたのです。

「上澄みでわかったつもりになる原因につながっている扁桃体」と宣言し「ありがとう」を言っていたら、扁桃体がドロドロしている感じがしました。そして、「私は自分を偽って何から自分を守りたかったのだろう?」という思いが湧いてきました。

父の攻撃から自分を守るには嘘をつくしかなかったのです。そのことが「誰かに攻撃されるから嘘をつこう」という思考につながっていたことに気づきました。

イメージのなかで、父から物を投げられたとき、お祖父ちゃんが父を殴って叱る場面を思い浮かべました。

母から「明日、離婚するから」と突然言われ、幼い私は戸惑ったことがあります。その場面は、パパの暴力に耐えられないから離婚すると母から言われ、私が納得して母についていくという場面に書き換えました。

そうしていると、心の奥に隠れていた傷ついた私が癒されていき、世界がどんどん明るくなるのを感じました。そして、ようやく、ありのままの私でいいんだと思えたのです。偽りの自分とサヨナラできたのです。

♡母を赦すことができ自分の娘との関係も変わった!

私の母は、「あんたのためを思って」と言いながら私を束縛し、自分の思い通りにしようとするような人でした。幼いころから母のそういうところが嫌いで、母からいつも強制され、強要され、脅迫されていると感じていました。

ところが、今度は私の娘から「こんなことは世間一般の常識でしょ」と言われるようになったのです。「どうして、そんなことをされなければいけないの」と私

が母に腹を立てていたように、娘が私に腹を立てていたのです。

このままではいけないと思い、「母に腹を立てる原因につながっている扁桃体」と宣言して「ありがとう」を言ってみました。続けていると、昔の母のようになりたくなかった私も同じように、自分の意見や価値観を娘に押し付けていることに気づきました。どこかで母のことを思い出し、余計に娘を怒っていたのです。扁桃体に「ありがとう」を言っていると「私は全てを許します、私は私を許します」と言いたくなり、扁桃体が光り輝くように感じました。間もなく娘から電話があり、「まだ怒ってる? ごめんなさい」と謝ってきたので驚きました。

母親を赦すことで娘ともよりよい関係が築けそうです。

♡私の変化に家族が驚いている!

何カ月もめまいと浮遊感がひどく、すぐに疲れてしまって横になっていることが多くなり、ほとんど家に閉じこもっていました。あちこちの病院で診てもらっても原因はわかりませんでした。

そこで、「めまい、浮遊感を起こす原因につながっている扁桃体」と宣言して「ありがとう」を唱えてみました。すると、真っ黒に汚れた扁桃体のイメージが浮かびました。さらに「ありがとう」を言い続けていると、その扁桃体がぶるぶる動きだすような感覚になり、真っ黒な色が溶けていくように感じました。それはとても嬉しい感覚でした。

毎日、宣言と「ありがとう」を続けていると、黒い色が少しずつ薄れていきました。

これまでの私は運動嫌いでしたが、不思議なことに「体をもっと動かしたい」という思いも湧いてきました。今は、足踏み健康、ラジオ体操、ストレッチなど毎日40分ほど体を動かしています。

これまでは朝がきつくて起きられなかったのですが、今は5時半に目覚め、元気よく動きはじめることができます。断捨離もはじめました。そんな私の変化に気づいた家族が「最近、どうしたの？」と驚いています。

医者から血圧が高いと言われたので、「高血圧を起こす原因につながっている扁桃体」と宣言して「ありがとう」を言ってみると、過去のことを思い出してイライラしたり、ムカついて人に文句を言ったりしていることに気づきました。

それが高血圧にもつながっているのかもしれないと思い、「ありがとう」を何度も唱えました。気持ちが癒され、高血圧も落ち着いてきています。

このまま続けていったら、体も心ももっともっと元気になれそうです。

♡何をやってもとれなかった肩こりが消えた！

いつも、どこか緊張していて肩に力が入り、肩こりにも悩まされてきました。そこで、「肩こりと緊張の原因につながっている扁桃体」と宣言し「ありがとう」を唱えて扁桃体を光らせてみました。

すぐに変化を体感できました。肩の力がすっと抜けて緊張がなくなり頭が軽くなりました。

まるで首の後ろをマッサージされている感じで、体が温かくなるのがわかります。気づくと、何をやってもとれなかった肩こりも消えていました。これまでのように肩こりが酷くてマッサージに行かなくても、自分で対処できそうです。

♡体の筋肉痛も足のだるさも消えていた！

先日、会社の同僚3人と山登りに行きました。頑張って頂上まで登りましたが、足はパンパンになっていました。このままだと翌日は体の筋肉痛や足のだるさで仕事ができないかもしれないと思い、夜寝る前に「足のだるさと筋肉痛の原因につながっている扁桃体」と宣言して「ありがとう」を唱えました。

一緒に行った同僚3人の扁桃体にも行ないました。

寝るときに足がビリビリしましたが、そのまま寝てしまいました。朝起きてみると、筋肉痛も足のだるさもまったくありません。同僚3人は翌日の体の痛みを覚悟していたようですが、まったく痛みがなく仕事ができたと、びっくりしてました。

扁桃体に「ありがとう」は、本当にすごいです。

♡脳梗塞の義母が普通の生活ができるまでに回復した!

近所に住む義母が、脳梗塞になったのに3日間放置したために悪化してしまいました。右半身がまひして歩くこともままならないし、箸も持てなくなりました。入院しましたが、医師からもう治らないと言われ、義母は生きる気力を失っていました。

入院中は感染症予防で、家族が会いに行くことはできず、義母の状態はますます悪化しました。私は、義母が歩けないと介護することになりますから、毎日「義母の脳梗塞の原因につながっている扁桃体」と宣言をして「ありがとう」を唱えながら扁桃体を光らせていました。

すると、2カ月後には箸を持てるようになり、普通に生活ができるまで回復したのです。介護にならずよかったと安心しています。

♡老眼だったのに字がはっきりと見える!

還暦を過ぎて細かい字が見えなくなって困っていました。試しにと思い、「老眼の原因につながっている扁桃体」と宣言し「ありがとう」を唱えてみました。すると、眼鏡がなくても文字が見えるまでになりました。字がはっきり見えて読めるって、こんなに嬉しいことはありません。

♡パソコンに向かっていても目が疲れなくなった!

私は仕事で一日中パソコンを使用しています。その影響もあって近眼やドライアイがきつくなってきて、パソコンに向かうのが苦しくなっていました。そこで、「近眼、ドライアイ、毛様体の筋肉が弱くなる原因につながっている扁桃体」と宣言し「ありがとう」を唱えながら扁桃体を光らせてみました。

するると、目の裏が暖かくなる感じがして、とても気持ちよくなりました。パソコンに向かうと、裸眼でもピントが合うようになって

見やすくなり、仕事で一日中パソコンを使っていても、以前のようには目が疲れません。

平日は通勤電車の中やバスの中で声を出さずに行ない、休日は家で声に出してのんびりやっています。これからも続けていきます。

♡近眼だったが、見え方が変わってきた！

「近眼の原因につながっている扁桃体」「目の周りの筋肉の弱りの原因につながっている扁桃体」と宣言して「ありがとう」を言ってみました。すると、少しずつ焦点が合ってきたのです。

これはいけるかもと思いましたが、その日の夜、目の裏が痛みだしました。近眼20年だと筋肉が凝り固まっているのかもしれないと思い、少しずつやりましたが、たしかに見え方が変わってきたのです。このまま視力が戻ると嬉しいです。

♡眼鏡の度数を変えたかなと思うほどすっきり見える！

最近、手元が見にくく、周りを見てもぼやけてきていました。そこで「近眼、老眼の原因につながっている扁桃体」と宣言して「ありがとう」を唱えながら扁桃体を光らせてみました。

15分ほど続けてから目を開けると、視界がクリアーになっていて、手元も見やすくなっていました。周りを見ると、ぼやけた感じがなくなりとても見やすくなっていたのです。

もっと驚いたのは、夜になって眼鏡をかけてテレビを観たときです。それまでは裸眼だと0・1以下で、コンタクトでは1・2、眼鏡では0・5で、眼鏡をかけてもテレビが見づらくなっていました。ところが、眼鏡の度数を変えたかなと思うくらい、すっきりと見えるようになっていたのです。

♡「治ったら構ってくれない」という思考があることに気づいた！

「病気を治したくない原因につながっている扁桃体」と宣言し「ありがとう」を

言いながら扁桃体をピカピカに光らせました。すると、私のなかに「治ったら構ってくれない、優しくされない、愛してもらえない」という思考があることに気づきました。

病気でいることで家族に構ってもらいたい自分がいる。それが難病になった原因の一つだったのです。扁桃体に「ありがとう」を続けていると、薄皮をはがすように体調がよくなっていきました。

♡悪魔は子ども時代の自分だった!

病気が悪化すればいいという自分がいて、元気になりたいと思う自分といつも喧嘩をしていました。そこで、扁桃体に「ありがとう」を言いながら扁桃体を光らせてみました。さらに、チア魔女に言われて悪魔に「ありがとう」も言っていると、じつは悪魔だと思ったものが子ども時代の自分だったことに気づきました。

その自分に「つらかったね。もう大丈夫、ありがとう。愛してるよ、大好きだよ、粗末にしてごめんね」と言ってみました。すると、その悪魔の殻を被った子どもは泣きだし、「かまってくれなかったから」と訴えてきました。

毎日続けていくと、その声は次第に聞こえなくなり、気力が戻ってきて、病気は完治していました。

♡〝ネガちゃん〟が笑顔の〝ポジちゃん〟に変わった！

他人の幸せを「おめでとう」と喜ぶ自分と、私よりも先に子どもが出来るなんて腹が立つと嫉妬する腹黒い自分がいます。大抵は腹黒い自分が勝ってしまいます。そんな汚い心をもつ自分が情けないと思うことがよくありました。

そこで、「相反する思いの原因につながっている扁桃体」と宣言し、「ありがとう」を言いながら扁桃体を光らせてみました。

腹黒い自分に〝ネガちゃん〟という名前をつけ、「ひがむのもわかる。気づけなくてごめんね」と〝ネガちゃん〟を抱きしめてあげる。それを毎日続けていくうちに、〝ネガちゃん〟は子ども時代に傷ついた自分だと気がつきました。

さらに子ども時代の扁桃体に「ありがとう」を言い続けると、〝ネガちゃん〟が笑顔になり、〝ポジちゃん〟に変わっていきました。

自分の中には天使と悪魔がいると言われる方がいますが、その悪魔は子ども時代の癒されていない自分だったのです。子ども時代の自分に「ありがとう」を言い、抱きしめていると癒されて、悪魔の声は消えていきました。

5章

扁桃体に「ありがとう」を唱えて過去世を癒す

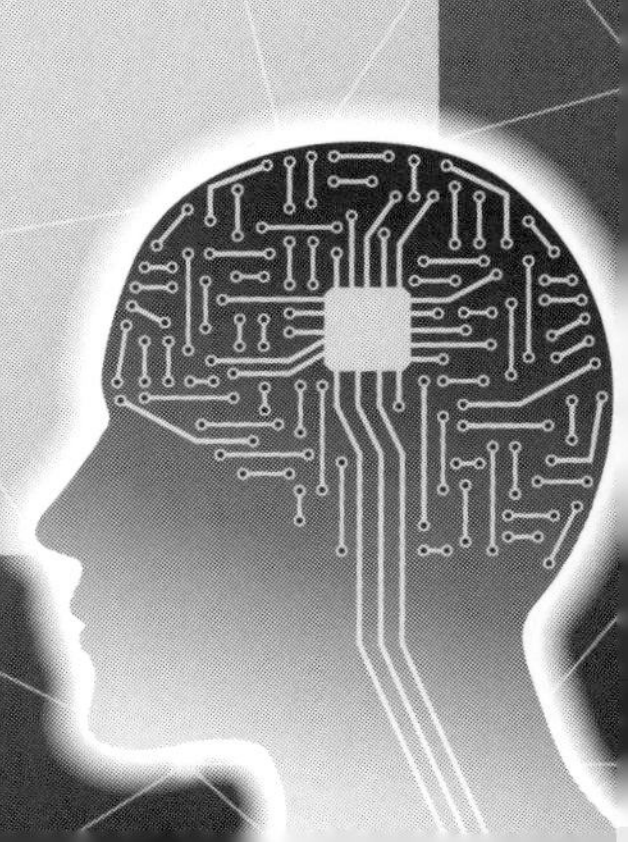

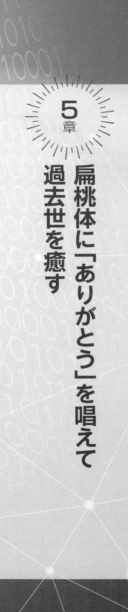

扁桃体を通して過去世が見えてくることも

いきなり、過去世の話をしたらぶっ飛んでしまう人もいるかもしれません。過去世なんてそんなものあるわけないよと思われる人もいるでしょう。かくいう私も、瞑想で自分の過去世を知るまではそう思っていましたから、よくわかります。

私がはじめてアメリカに行ったとき、アメリカインディアンの過去世を見る体験をしました。そのときは、なぜそんなものが見えるのかわかりませんでしたが、瞑想をするようになってなぞが解けました。

過去世があるかないかを議論するよりも、過去世が見えたことで現世の自分が気づきを得て、癒されたり、元気になったりして充実した毎日を送ることができればいいのです。

扁桃体に「ありがとう」を言っていると、過去世が見えてくることがあります。その過去世を通して、現世の自分が気づきを得ることにより、人生を変えることができたという体験を寄せてくださる方が増えています。いくつかご紹介します。

過去世を癒して現世が変わった感動体験記

♡過去世の自分が成仏できたように感じた！

小学1年生のとき、同級生が万引きして、そのお菓子を僕らに分けてくれました。そのことを知らず喜んで食べていたら、万引きしたグループと思われて怒られ、お金を払わされました。

そんな理不尽な目に遭うことが僕の人生にはよくあります。そのたびに、何で僕ばっかりこんなことになるのだろうと悔しい気持ちになりました。どうしてそうなるんだろう、どこに原因があるんだろうと思っていました。

「現世、過去世の傷ついた扁桃体」と宣言をして「ありがとう」を唱えながら扁桃体を手の中に入れて光らせるイメージを浮かべていたとき、左の手の平がピリピリと痛くなり、重たくなりました。そのとき、ガス室のようなところで苦しんでいる情景が浮かんできました。

あまりに理不尽な仕打ちに絶望と怨嗟《えんさ》の声を上げている。周りにいる大勢の人も苦しみもがきながら、ドアのほうに殺到していく。そんなイメージが浮かび、自分も絶望の声を上げながら倒れこむ場面が見えました。

これはアウシュビッツのガス室だと直感し、びっくりしました。僕が何度も理不尽だと感じる体験をしてきた原因はここにあるかもしれないと感じました。

扁桃体に「ありがとう」を唱えながら、この過去世を癒し、こんなイメージに書き換えてみました。収容所に送られる列車が突如、故障か何かで森の中で急停止。そのショックで扉が開き、そっと列車から降りる。そのまま森の中に逃げ込む。野イチゴなどを食べながら逃げ延びた自分が安堵《あんど》している。

しだいに心が軽くなっていき、過去世の自分が成仏したように感じました。

扁桃体に「ありがとう」を唱えながら、このイメージを何度もくり返していると、これからは理不尽なことが起こらなくなり強運になって、いいことがどんどん起きそうだと思えるようになりました。

♡背骨が歪んだ過去世が見えたとたん、背骨がまっすぐに！

過去世の傷ついた扁桃体に「ありがとう」を言っていたら、過去世のときの自分の姿が見えてきました。背骨が歪んだ、くる病（骨軟化症）のような姿をしています。

今とはまったく顔が違っていますが、これは明らかに自分の過去世だと感じました。現世の私も背骨が歪んでつらい日々を過ごしていたからです。

私は元来、過去世なんて信じられないタイプですが、なぜか、このときは間違いないと思ったのです。

それで、「現世と過去世で背骨の歪んだ原因につながっている扁桃体」と宣言して、15分程度「ありがとう」を唱えてみました。すると、「カキッ」という音がして背骨がまっすぐ伸びたのです。

それから毎日15分ほど、「背骨が歪んだ扁桃体」と宣言して「ありがとう」を唱えました。1週間くらい続けたあたりで姿勢は、かなりよくなっていました。

まだ、過去世があるかないかははっきりしませんが、イメージ力がある方なら過去世がはっきりと認識できるのだろうと思います。これからも、扁桃体に「ありがとう」を続けていきます。

♡過去世で添い遂げる約束をした人の姿が浮かんだ!

「過去世の傷ついた扁桃体」と宣言し「ありがとう」を言いながら扁桃体を光らせてみました。気づくと涙を流していました。私の過去世はとても寂しい思いをしていたのだと気づきました。

そのとき、前の彼と付き合っていたころのことを思い出しました。恋愛や結婚に対するトラウマやブロックがあって、うまくいきませんでした。扁桃体に「ありがとう」を言ってこの過去世を癒していると、結婚に対する私の気持ちが変わっていきました。

自分が望む結婚相手の男性のタイプを変えてみようと思った瞬間、頭の中で「カチっ」と何かがはまったような音がして、なぜか涙がどっと溢れてきたのです。それと同時に、過去世で一生添い遂げる約束をした人の姿が浮かんできました。その約束が現世で果たせるんだと直感的に感じました。

これから出会う人が楽しみで毎日ワクワクしています。結婚なんてしたいと思わなかった私が変わったことにびっくりです。素敵な彼と出会って幸せな結婚をしたいと思っています。

♡過去世が見えて不安の原因がわかった！

「過去世の傷ついた扁桃体」と宣言をして「ありがとう」を言ってみました。すると、私の直前の前世らしいヨーロッパの兵士の姿が浮かんできました。私は小さいころから、いつも漠然とした不安を感じて過ごしてきました。でも、誰にも言えず、ずっと心の重荷になっていました。その正体はこの兵士時代に体験した戦争のトラウマからきていると気づいたのです。

長年心を覆っていた雲が晴れたようで、気持ちがスッキリして視界も明るくなりました。不思議なんですが、言葉遣いが前よりもきれいになりました。

そして、彼ができました。もうすぐ結婚します。

♡過去世の人生を書き換えてみた！

「過去世の傷ついた扁桃体」と宣言して「ありがとう」を続けていると、戦争に巻き込まれて足を切り落とされた過去世が出てきたことがあります。

私は子どものころから足首が弱く、何度も捻挫やけがをしていました。そこで過去世の扁桃体に「ありがとう」を言い扁桃体を光らせながら、こんなふうに過去世を書き換えてみました。戦争を事前に知り、うまく逃げて五体満足で無事に幸せな人生を過ごしたと。

それをとてもスムーズにできてしまうのはとても不思議な感覚でした。私の足への不安は無くなっていました。

♡過去世を知って目立つことへの恐怖心が減った！

「過去世の傷ついた扁桃体」と宣言して「ありがとう」を言っていると、魔女狩りで燃やされた場面が出てきました。私は火が苦手で自宅はオール電化にしていますが、その理由はこんなところにあったのだと腑に落ちました。

それから、私は子どものころから、目立つことをしたらたたかれるから、いつも目立たないようにしようと思ってしまうところがあります。その理由も魔女狩りに遭った過去世を知ってわかりました。正しいことをしたら殺されるという過去世のトラウマが影響していたのです。

過去世の扁桃体に「ありがとう」を言いながら、焼かれる前に察知して、うまく逃げることができたと書き換えてみました。これを続けていると、気持ちが妙にすっきりしてきて、目立つことへの恐怖が減ってくるのを感じました。

エピローグ

どんな状態からも不安のない人生を歩むことができる

「自分自身の扁桃体が幸せになることを拒否している」とお話しすると、皆さん、驚かれます。しかし、自分の扁桃体に「ありがとう」を言い続けると、心から幸せだと感じられるようになるとしたら、どんなに素晴らしいでしょう。きっと不安で苦しむ人も減るのではないかと思います。

たとえば、「素直を阻む原因につながっている扁桃体に『ありがとう』」「頑固の原因につながっている扁桃体に『ありがとう』」を言ってみてとおすすめしますと、自分はけっこう素直だから、そこまで頑固じゃないからと言われることがよくあります。

それでも試しにやってもらうと、素直になれない自分、あまりに頑固な自分が潜んでいることに気づいて衝撃を受ける方が多いのです。

篠浦先生は、病気が完治するのは素直な人、右脳の人だとおっしゃっていますが、病気に限らず、運気を上げていくうえでも素直であることがとても大事です。ですから、運気を上げたければ、自分の扁桃体に「ありがとう」を唱えてみてください。何のリスクもありません。試してみるだけでいいのです。

素直ではない自分、頑固な自分が元々いないことがわかれば、それはそれでいいことですし、もしいるならば、気づけたことで変化していくはずです。

私の師は、どんな状態からでも不安のない人生を歩むことはできると教えてくれました。私の祖母も戦争中、食べ物がなかったけれど楽しく過ごしたそうです。関東大震災ではすべてを失いましたが、女一人でミシン仕事をし、その後、結婚(当時ミシンは高額だったらしいが、借金をしてミシンを買ったそうです)。戦争中、物が無いなかでも、工夫をしてたくさんの子どもを育てたそうです。

そんな祖母の教えは、「どんな状態になろうとも不安なく楽しく過ごすことはできる」というものです。不安になったり悲しんだりしていたら幸運が逃げていきます。

「不安の原因につながっている扁桃体、『ありがとう』」と唱えてみてください。不安脳、病気脳から幸せ脳に変わると思います。

とくに肩こりについては、「肩こりと緊張の原因につながっている扁桃体」と宣言をして「ありがとう」を唱えてみてください。その場で効果を実感する方がたくさんいます。試してみてください。

扁桃体はかなり奥が深そうです。これからも、さらに探ってみたいと思っています。最後に、たくさんのアドバイスをしてくださり、共著者として本書の発行にご協力くださった篠浦伸禎先生に心から感謝申し上げます。

愛場千晶

スピリチュアルな方法と脳科学が合体したのは初めて！

量子生物学――つまり生物のさまざまな活動や反応を量子力学から解析する最新の学問――によりますと、脳の活動を含めたすべての生体内の活動、反応は、量子力学でいうところの波動からの観点でしか正確には説明できないとのことです。

脳の活動が電磁波で行なわれていることは、電磁波を用いた治療機器で脳の疾患が改善するのを見ても明らかです。そういう意味で、「ありがとう」という〝いい波動〟をもつ言葉が、脳の機能を改善し、その結果幸福に結びつくことは、最先端の脳科学からみて当然のことといえるでしょう。

扁桃体は、本文中で述べたとおり、弱肉強食という肉体の論理で動いているため、強大なストレスに対して自分がそれに負ける弱い存在だと思うと、自分を傷つける方向に向かい、結果として病気などの不幸を呼び寄せることになります。

それをどう乗り越えるのかが幸せに生きていくための大きなテーマといっても

いいでしょうが、この本で述べているように、扁桃体に「ありがとう」と言うことで扁桃体をいい状態に戻し、幸せに結びつける手段があるということは、多くの人にとって大きな福音になると私は感じています。

とくに、愛場先生によると脳の扁桃体以外の部位にはそのような効果が期待できないということです。それは、私の考えてきた脳機能の局在とも一致しており、非常に信ぴょう性の高い治療法だと感じています。

このようなスピリチュアルな方法と脳科学が合体したのは、私の知るかぎり初めてのことであり、今後の発展が非常に楽しみです。

篠浦伸禎

自分の脳に「ありがとう」を唱えると
不安脳・病気脳とさよならできる！

2021年11月19日　第1刷発行
2024年1月9日　第8刷発行

著　者──────愛場千晶・篠浦伸禎

発行人──────山崎 優

発行所──────コスモ21
〒171-0021　東京都豊島区西池袋2-39-6-8F
☎03(3988)3911
FAX03(3988)7062
URL https://www.cos21.com/

印刷・製本──中央精版印刷株式会社

定価はカバーに表示してあります。

ISBN978-4-87795-407-9 C0030